新装版

プレ妊娠編から産後編まで！

産婦人科医ママの妊娠・出産パーフェクトBOOK

産婦人科専門医 宋《そん》美《み》玄《ひょん》 著

（イラスト／市川彰子）

はじめに

まずは、妊娠された方、おめでとうございます。長く望み続けてようやく赤ちゃんが来てくれた人も、想定外にポコっと授かられた人も、これから充実したマタニティライフを過ごせますように。そして今、子どもを持つことを考え始めた人も、妊娠を計画中の人も、かわいい赤ちゃんを授かりますように。

さて、妊娠を計画し始めたり、実際に妊娠したりすると、いろいろなことが気になるようになりますよね。妊娠前にできることはないのか、妊娠中はどう過ごすべきか、病院はどう選ぶべきなのか、出産ってどんなものなのか、などなど。

そして出産経験のある母親世代の人や、友人・姉妹などに質問をする人も多いでしょう。でも、個人の体験談というのはインパクトが大きい反面、信頼性は低いもの。もっと広く情報を集めたくなるだろうと思います。

今の日本は情報にあふれています。知りたい事柄をネットで検索すれば、無料で大量の情報を得ることができます。しかし、その情報は本当に正しいでしょうか？ ブログ主やコラムの執筆者は、どこまで責任を持って書いているのでしょうか？ 中には、多くの人にアクセスしてもらいたいがために大げさなタイトルをつけ、医学的に間違った情報を広める人もいます（というより、よくいます）。有名なニュースサイトですら、間違った情報をばらまくこともあるほどです。

さらには、一部の医師や助産師などの医療関係者が間違った情報を伝えることもあります。実際に、私も妊娠中に医療関係者から「足首を冷やすと微弱陣痛になるよ」と言われたり、体重が増えないことをほめられたりと、医学的根拠のないことや間違っていることを言われたりしました。私は産婦人科医なので真偽を見抜けましたが、一般の妊婦さんにはとても難しいだろうと思います。

これまで私は、何万人という妊婦さんとお話をし、何千というお産の経過を最後まで見守ってきました。診察の最後には必ず「何か気になっていることや聞いておきたいことはありませんか？」とたずねるのですが、実際にまわりの出産経験者やインターネットによる情報などに振りまわされ、調べれば調べるほど不安になっているという妊婦さんがとても多いことを日々痛感しています。そうして不安に陥っている多くの妊婦さんたちに、正しい情報を届けたいという思いもあって、臨床の傍らテレビや新聞などのメディアにも出たり、Twitterやニュースサイトなどで間違った記事を見つけたときには訂正を求めたりしています（誰かに頼まれたわけじゃないんですが……）。が、それでも、正しい情報をきちんと伝えることの難しさを日々感じているところです。

そこで本書では、プレ妊婦さんや妊婦さんのよくある疑問や不安に、専門家のバイブルや文献などの確かで偏りのない情報をもとにわかりやすく答えました。妊娠前から産後までに必要なひと通りの知識はもちろん、あまり知られていないけれど大切なこと、知っておくと役立つ情報まで、たっぷりと詰め込んでいます。さらに、「やせている人ほど安産になる」とか「帝王切開は3回までしかできない」など、ちまたでは当然のようにいわれているけれど、じつは少しも正しくない妊娠・出産の都市伝説にもふれました。ですから、この一冊を読んでいただくと、きっと間違った情報に悩まされることが減るのでは、と思っています。

プレ妊娠編、妊娠編、出産編、産後編という順序になっていますから、初めから終わりまで通して読んでいただくと流れをつかみやすいかもしれません。もちろん、Q&Aなので、必要な部分を辞書的に読んでいただいてもOKですよ。

みなさんがママになるまでの道のりをより楽しく、またお腹の赤ちゃんとともに安全に安心して過ごすために、この本が少しでもお役に立てばうれしいです！　ぜひ、ゆっくり読んでみてくださいね。

目次 Contents

新装版　産婦人科医ママの妊娠・出産パーフェクトBOOK

CONTENTS

3・病院のこと

【出産編】

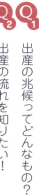

CONTENTS

Column 1

「妊娠力」はアップしない

雑誌やテレビなどのメディアで「妊娠力アップ」という言葉をよく見かけます。でも、残念なことですが、年齢を重ねるにつれて妊娠力は衰えていきます。どんなことをしても上がることはありません。

商業媒体は、読者受けするフレーズを持ってくるもの。そしてメディアに出たいがために、読者が飛びつきそうな事実とは違うことをしゃべってくれる専門家ふうな人もいるわけです。しかし、それが読者に誤解を与え、「時間は巻き戻せる」「妊娠力はアップできる」という都合のいい解釈が蔓延し、無駄な努力がなされて……、結果的に誰のためにもならないのです。いや、ほんまにね。メディアがつくった都市伝説を信じて、傷つけられたり、無駄な努力をしたりしている患者さんに日々出会うわけですよ。

ただ、妊娠しやすい身体を維持するためにできることもあります。第一にタバコを吸わないこと。タバコを吸うと血管の老化が早まるため、卵巣に十分な血液が送られなくなり、機能が衰えるからです。第二に体重を激しく増減させないこと。女性ホルモンのエストロゲンは、脂肪細胞からも作られるため、急激に太ったりやせたりするとホルモンバランスが乱れるためです。第三にストレスを溜めない生活を心がけること。まだ詳しいメカニズムはわかっていないのですが、ストレスが溜まってステロイドホルモンが分泌されると、妊娠率が下がるというデータがあります。

さらに、毎日よく眠るようにすればベターですよ。

【プレ妊娠編】

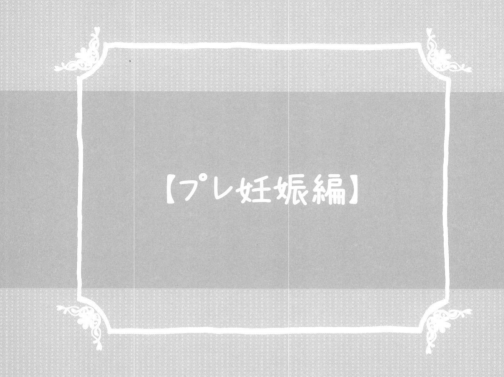

Q1 予防接種はしておいたほうがいい？

妊娠中に感染症にかかると、流産や早産のリスクが増加したり、赤ちゃんに障害が起こったりする危険性があります。しかも、残念なことに日本は先進国のはずが、風疹《ふうしん》が流行したことからもわかるように予防接種への取り組みが後手で、公衆衛生的に劣悪な環境にあります。ですから、ワクチンで予防できる病気の予防接種は受けておいてください。

たとえば風疹の場合、記憶があいまいなことは多いけれど、一度感染すれば抗体がつくことが多いもの。また、ワクチンを1回接種していれば95～99％は抗体ができ、2回接種しておけばまず大丈夫とされています。でも、感染症の抗体のうち、持っていないものがあるという妊婦さんは珍しくありません。子どもの頃のうっすらとした記憶、自身の母子手帳の記録だけを頼りにしないほうがいいでしょう。

できれば妊娠する前に、産婦人科で受けられる『プレママレディースドック』などで、各種の病原体に対する抗体価の有無や量を調べる『抗体検査』を受けておくことをおすすめします。妊婦さんが調べておきたい抗体は、『麻疹《ましん》』『風疹』『リンゴ病』『水痘《すいとう》（水疱瘡《みずぼうそう》）』『ムンプス（おたふく風邪）』など。妊娠中に各種感染症にかかった場合に考えられるリスクは以下の通りです。

・**麻疹**……流産や死産を引き起こすことがあります。

・**風疹**……特に妊娠初期に感染すると、胎児が難聴、先天性心疾患、白内障を三大症状とする『先天性風疹症候群』になる危険性があります。ただし、母親に発疹などの症状が出ても胎児に感染するのは約3分の1、さらに感染した胎児のうち先天性風疹症候群になるのは約3分の1程度です。

・**水痘（水疱瘡）**……胎児が、小頭症、白内障、四肢の形成不全などが起こる『先天性水痘症候群』になるリスクがあります。

・**ムンプス（おたふく風邪）**……妊娠初期に感染すると、流産の確率が高まります。

・**トキソプラズマ**……妊娠中に初めて感染した場合、流産や死産のほか、胎児の脳や目などに障害をきたす『先天性トキソプラズマ症』を引き起こす危険性があります。

・**サイトメガロウイルス**……妊娠中に初めて感染した場合、または妊婦の免疫力が低下した場合は、胎児に難聴や脳の障害が起こることがあります。

・**リンゴ病**……ウイルスが胎児の血液を攻撃して、貧血を引き起こし、『胎児水腫《すいしゅ》』という病気になったり、最悪の場合はお腹の中で死亡したりするケースも。

もしも何かの抗体価が低い場合、予防接種を受けられるものは受けておいてください。麻疹と風疹は『MR』と呼ばれる混合ワクチン、水痘とムンプスもそれぞれのワクチンで防ぐことができます。もしも抗体検査を受けられなければ、抗体を持っている人がワクチンを打っても害はないので、予防接種を受けてしまってもかまいません。

　トキソプラズマやサイトメガロウイルス、リンゴ病にはワクチンがありませんが、周囲で流行したときに、自分に抗体があることがわかっていれば安心していられますし、抗体がない場合には感染しないように気をつけることができます。トキソプラズマは、加熱が不十分な肉や感染したてのネコの糞、土の中にいる原虫なので、これらの取り扱いに注意することで感染を防げます（32ページ参照）。サイトメガロウイルスは、唾液や尿、性交渉によって感染することが多いので、子どものおむつ交換や鼻水、よだれの処理をした後は流水と石鹸で手を洗うなどの注意が必要です。いずれにせよ、感染症は上の子どもが外からもらってくるケースも多いので、二人目以降を妊娠したときは感染しないよう気をつけてください。

　そして、妊娠を予定している人、妊娠中の人は、インフルエンザにも要注意です。妊娠中にインフルエンザにかかると、子どもに統合失調症が増えるという疫学データがあるため[※1、2]、また一般的に高熱は赤ちゃんの神経の発達を阻害するためです。少し前まで日本では「妊娠中は12週以降でないと予防接種をしてはいけない」といわれていましたが、国際的には妊娠の何週目であってもインフルエンザワクチンの接種は推奨されています。今のところ副作用があるとの報告もありません。

　接種後の妊娠ですが、インフルエンザワクチンは、抗原となるウイルスや細菌を不活化した

『不活化ワクチン』なので感染のリスクがなく、すぐに妊娠しても問題ありません。一方で、MRや水痘、ムンプスは毒性を弱めたウイルスや細菌を使った『生ワクチン』なので、通常は月経不順の人も考慮して「接種後2か月は避妊すべき」とされていますが、およそ1か月を過ぎれば妊娠しても大丈夫でしょう。

こうしてみると感染症は怖いものですが、神経質になりすぎるのもよくありません。たとえ妊娠中に感染症にかかっても、大多数の赤ちゃんは無事です。感染したからといって、すぐに中絶に結びつけないようにしてください。

A

妊娠中の感染症は赤ちゃんに影響します。抗体価を調べ、予防接種を受けておいて！

※1　Psychol Med. 2013 Feb;43(2):239-57.
※2　Dev Neurobiol. 2012 Oct;72(10):1272-6.

Q2 そのほか、妊娠前にすべきことは？

当然のことですが、定期的な健康診断などで高血圧、尿タンパク、糖尿病の有無などは必ずチェックしておきましょう。特に高齢出産の場合、「妊娠して初めて糖尿病だとわかった」という人は意外と多いもの。妊婦さんが重度の糖尿病だと、赤ちゃんの奇形率が上がりますが、あらかじめ血糖値をコントロールしてから妊娠すれば、リスクを回避できます。

婦人科検診やがん検診も受けておいたほうがいいでしょう。中には、妊娠してから子宮頸がんが見つかり、赤ちゃんを諦めて治療をしなければならない人もいます。もっと早く治療を受けられていたらと、残念な気持ちになります。妊娠するかしないかは別としても、自分の身体が今どのような状態にあるのかを普段から知っておくことは大切です。

また、歯の健康にも注意が必要！　歯周病は早産のリスクに関係するというデータがあります[※1]。妊娠してから慌てて治療を始めても、早産を予防することはできません。そして、軽い虫歯であれば妊娠中も治療できますが、大がかりな抜歯などの治療には麻酔を使うため、リスクを回避したいという歯科医も多く、治療を受けづらくなります。やはり、妊娠前に歯の検診や治療を受けておいたほうがいいでしょう。

そのほか、妊娠を計画し始めたら、葉酸を積極的に摂りましょう。葉酸はビタミンB群に属し、赤ちゃんの『神経管閉鎖不全』の防止や細胞分裂のために重要な役割を果たします。これを摂取すると、たとえば口唇の一部に裂け目ができたり、軟・硬口蓋が閉鎖しなくなったりする『口唇口蓋裂《こうしんこうがいれつ》』などといった赤ちゃんの先天的な病気の発症リスクを減らすことができます。2000年以降、当時の厚生省は「妊娠可能なすべての女性は葉酸を十分に摂るように」と呼びかけるようになり、2002年以降は母子手帳にも書かれています(※2)。葉酸が多く含まれている食品は、モロヘイヤ、からし菜、春菊などの葉物野菜と考えればいいでしょう。摂取の基準は、1日に400μg(0・4mg)ほどで、野菜350g以上にあたります。

葉酸は熱を加えると分解しやすく、ゆで汁に溶け出します。ある研究によると、強火で10分煮るとカリフラワーは84%、ブロッコリーは69%、ほうれん草は65%の葉酸が失われたとのこと(※3)。お湯を大量に使って長時間加熱すると、失われる量はさらに増えます。葉酸を効率的に摂るには、蒸し料理がいいでしょう。ある程度は加熱によって失われますが、水に溶け出すことがないので効率よく食べられます。ゆで時間が短いあえもの、おひたしもいいと思います。

ただし、先天的な神経疾患を防ぐためには、「妊娠の2か月前」から摂らなければ意味がありません。妊娠に気づいたときには、だいたいすでに3〜4週目なので、それから摂り始めてもあまり効果が得られないのです。妊娠を望んでいる人は、普段から妊娠3か月くらいまで意識的に摂取してください。摂取量を守れば、サプリメントでもOKです。

そのほか、妊娠前からショウガエキス（※4）、妊娠してからでもビタミンB_6（※5）を摂ると、つわりが軽くなるといわれているので試してみるのもおすすめ。一方で、妊娠を計画し始めたら飲酒は制限すべきです。かといって、いつ妊娠するかわからないのに、ずっと我慢し続けるのは無理ですよね。赤ちゃんに影響することのない月経から排卵日までの約10日間だけは自由に飲んで、あとは我慢するようにしましょう。妊娠がわかった瞬間から、心地よい習慣をいきなり変えることは難しいので、日頃の生活習慣を見直しておくことも大切です。

ちなみに私が個人的にやっておけばよかったと思ったことは、保育園探し。働いている人は、近くによい保育園があるか、入れそうか調べておくといいですよ。

A

身体と歯の健康状態をチェックし、葉酸などを積極的に摂りましょう

※1　Obstet Gynecol Clin North Am. 2012 Mar;39(1):17-23, vii.
※2　厚生労働省報道資料　http://www1.mhlw.go.jp/houdou/1212/h1228-1_18.html
※3　田口博国ら　食品中の葉酸含量に関する研究：(Ⅱ)食品中の葉酸の加熱調理による損失『ビタミン』47(1), 21-25, 1973-01-25
※4　Women Birth. 2013 Mar;26(1):e26-30.
※5　Paediatr Perinat Epidemiol. 2012 Jul;26 Suppl 1:55-74.

Q3 妊娠のサインってどんなもの？

月経が規則的な人の場合は、「月経の遅れ」が最大のサインです。月経不順の人は判断しにくいですが、つわりや胃の痛み、体調不良、だるさ、眠気がとれないなどといった症状が出てくることも多いでしょう。また妊娠すると、情緒不安定になったり、涙もろくなったりと、精神面での変化も起こりやすくなります。

ちなみに私の場合は、身体が妊娠のサインを出す前の3週目に妊娠検査薬で判明しましたが、6週目には急に頭がフラフラとして手が震えだすなどの低血糖発作が起きました。その数日後、早朝に空腹で目が覚めたり、胃が重たくなって起き上がるのに時間がかかったりという症状があり、すぐにつわりがやってきました。妊娠初期の症状には個人差があり、このほかにも21ページに挙げたような症状が出ることがあります。

いずれにせよ、「赤ちゃんができたかも」と思ったら、まずは尿検査を行いましょう。わざわざ病院に行かなくても、とりあえずは市販の『妊娠検査薬（妊娠判定キット）』で誰でも簡単に調べることができます。最近では、ほとんどの人がこれを使い、陽性反応が出てから病院を受診されるようです。

妊娠検査薬の使い方は、尿をかけるだけ。妊娠すると、体内で糖タンパクであるｈＣＧ（ヒト絨毛性ゴナドトロピン）というホルモンが分泌されます。この糖タンパクは、妊娠３週から急に増え始め、８～12週あたりをピークに減っていきます。妊娠検査薬は、このｈＣＧが尿中に出ているかどうかを調べて妊娠反応をみるものなのです。

妊娠検査薬には「月経予定日から調べられるもの」「月経予定日の1週間後から調べられるもの」などの種類がありますが、どちらも実際には妊娠3週後半（最終月経開始日を1か月0週0日とし、1週は0～6日）あたりで反応が出てくるようです。

ちなみに私は3週3日で妊娠検査薬を使ったところ、陰性でがっかりしたのですが、３週５日で陽性反応が出ました。中には尿をかけてすぐには陰性だったけれど、少し時間をおいたら陽性になったという人もいます。尿が蒸発してｈＣＧが濃くなると、反応が出やすくなるのでしょう。３週あたりの早い段階で検査をする人は、陰性と出ても検査薬をすぐに捨てず、乾くまで置いておいたほうがいいかもしれません。それでも妊娠が判明しない場合、また1週間後くらいに調べてみましょう。

妊娠初期の症状

□暑さや寒さに敏感になる
□昼間に眠くなる
□食欲が出すぎる
□涙もろくなる
□唾液が増える
□脚の付け根や恥骨が痛む
□尿漏れしやすくなる
□便秘になる
□脚がつる、むくむ
□息切れがする
□食欲がなくなる
□においに敏感になる
□暴力的な話、怖い話に過敏になる
□わき腹や下腹部がときどき刺すように痛む
□頻尿になる
□貧血ぎみになる
□静脈瘤ができる
□乳首が黒ずむ

A

最大のサインは「月経の遅れ」ですが、いずれにせよ妊娠検査薬でチェックを！

Column 2

妊娠を公表するタイミング

私は、基本的に「妊娠4か月(12週)をめどに公表する」のが適当だと考えています。というのも、妊娠3か月(11週)までが最も流産のリスクが高いからです。

流産の確率はすべての妊娠の約15%で、これは全年齢における平均値です。年齢が高くなるとリスクも上がって、たとえば35歳での流産確率が約20%なのに対し、40歳になると約40%と2倍のリスクを負うことになります(※1)。

妊娠して4週を過ぎると、子宮の中に丸い袋のような胎嚢《たいのう》が見えるようになります。そして胎嚢が大きくなると、その中に赤ちゃんが見えてきます。6週頃には赤ちゃんの心拍が確認できますが、ここまでが最も流産のリスクが高い時期です。

ですから、まず5～6週目あたりに赤ちゃんが子宮の外ではなく子宮の中に宿っていると確認できたら、ファーストステージはクリア！　次に6週前後で心音の確認ができたところで、セカンドステージもクリアとなります。それ以降は、だいぶ流産のリスクは減ってきます。そして、12週を迎えた頃から、それほど心配する必要はなくなります。もちろん、そのあとも流産することはあり得るし、リスクがゼロになるわけではありませんが、ひとまず安心していいでしょう。

仕事で無理をしないために上司に早く伝える場合は別として、同僚や友人などの周囲に広くお披露目をするのは、それからでも遅くはないと思いますよ。

※1　虎ノ門病院産婦人科1989.1.～1991.7.データ　母体年齢と流産『周産期医学』vol.21 no.12,1991-12

【妊娠編】

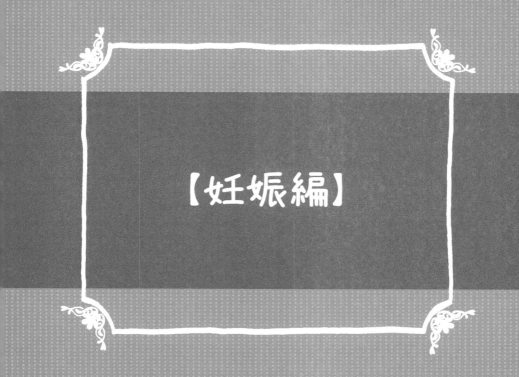

妊娠期間は、約10か月。そのあいだに、さまざまな疑問や悩みが出てくると思います。そこで【妊娠編】は、普段の生活、トラブルについて、病院のことの3テーマに分けてお答えします。

1 普段の生活

➡p25～

運動や食事、やっていいこと&いけないことなど、毎日の生活を送るうえで知っておきたいことをまとめました。

2 トラブルについて

➡p49～

むくみや便秘などのマイナートラブルから、妊娠高血圧症候群などの合併症についてまで、わかりやすく回答。

3 病院のこと

➡p73～

病院選びから妊婦健診のこと、急いで受診すべき目安まで、病院についてのよくある疑問にお答えします。

【妊娠編】

1

普段の生活

Q1 妊娠に気づかずにやっていたことが不安です

ときどき、妊娠に気づかずに「レントゲンを撮って放射線を浴びてしまった」とか「お酒を飲んでしまった」というような話を聞くことがあります。特に月経不順の人は妊娠に気づきにくいので、普段から身体の変化に注意を払うようにしましょう。これは、せっかく授かった赤ちゃんを危険にさらさないための第一歩。でも、過ぎてしまったことはどうにもできないので、あまり神経質になりすぎず、以降は気をつけるようにしてください。

まず、妊娠中のレントゲン検査は避けたいものですが、1回受けてしまったからといって、赤ちゃんに何かが起こることはほぼないと言えます。それ以降、病気などでやむを得ず使う場合には、病気の担当医と産婦人科医、それぞれの医師とよく相談してから行ってください。必要な部位以外に、放射線を遮蔽するプロテクターを使うこともできます。

放射線や薬などの外的要因の影響を受けやすい時期は、赤ちゃんのさまざまな臓器が作られる妊娠3か月11週頃までの『器官形成期』です。この時期を過ぎていれば、あまり影響がないことが多く、薬の種類によってもリスクは異なります。しかも、市販の風邪薬などは、ほとんどが心配ありません（34ページ参照）。それでも、もしも不安に感じることがあれば、ぜひ産婦人科医に相談してみてください。

また、妊娠に気づかずにワクチンを接種してしまった場合も、それほど心配する必要はありません。たとえば妊娠中の女性は風疹ワクチンを打てませんが、妊娠中のワクチン接種によって赤ちゃんが先天性風疹症候群を発症したという事例は、中南米6か国で一例もないことがわかっています（※1）。

そのほか、多少のお酒やタバコを摂ってしまっても、すぐさま中絶を考えないといけないような事態はあり得ませんから、妊娠に気づいてからは控えればいいですよ（38ページ参照）。ハードな仕事やスポーツなどについても同様です。

そもそも妊娠初期の流産のほとんどは、胎児の染色体異常によるものです。それでも、妊娠に気づいてからは、あまり無理をしすぎないようにしてください。

A ほとんどの場合は心配ありませんが、気になる場合は医師に相談しましょう

※1 J Infect Dis. 2011 Sep 1:204 Suppl 2:S713-7.

Q2 運動はすればするほどいい？

妊娠してからも、適度な運動をすることは大切です。かといって、好きな運動を好きなだけすればいいというわけではありません。また、鍛えれば鍛えるほどよいわけもありません。当然ですが、マラソンや筋トレ、テニス、本格的な登山などといった激しい運動（無酸素運動）は控えるようにしましょう。

妊娠中の運動として最適なのは、軽い有酸素運動です。たくさんの酸素を体内に取り入れる有酸素運動は、赤ちゃんの発育を促すだけでなく、母体の脂肪燃焼を助けて体重の増えすぎを予防してくれます。その中でも、特におすすめしたいのがウオーキング。それも「ゼーゼー」と息が切れるようなスピードではなく、人とおしゃべりをしながらできるくらいの負荷がちょうどいいと思います。また、お腹が重くなるにつれて腰痛が起こりやすくなるので、妊娠中期以降は腰に負担をかけない水中ウオーキングや水泳などもいいでしょう。

そのほかでは、ヨガもおすすめ。腹式呼吸を使った運動は副交感神経を優位にするため、リラックス効果があるうえに全身の機能を整えてくれます。無理なく自分のペースで続けられるという点でも、ヨガは妊婦さんにやさしい運動と言えるでしょう。

A 運動をしすぎる必要はありません！ 無理のない範囲で軽い有酸素運動を

近年、テレビ番組や芸能人のブログなどで「感動的！」などと紹介されることもあって、いわゆる『スパルタ式助産院』に興味を持つ人も増えています。中には、自然分娩（経腟分娩）するため、安産するためには、薪割りやスクワット、1日に何キロメートルも歩くことが必要だというような指導をする施設もあります。「昔の日常的な動作が産む力を育てる」という思想のもとに行われているようですが、医学的根拠はありません。私は、妊婦さんがそこまでハードに身体を動かす必要はないと思います。体力や母体の状態には個人差がありますし、そもそも現代社会では生活スタイルもまちまちです。あまり無理をせず、今の生活の中で簡単に続けられる運動をすればいいでしょう。

激しい運動でなければ問題ないと思いますが、そのときの体調と相談しながら無理のない範囲にしてくださいね。お腹が張る、息があがる、だるくなる、出血するといった症状が出たら、すぐに休みましょう。「変だな」と思ったら、主治医に相談してください。普段から自分で「私、無理してないかな？」と身体の声を聞いてみることも大切ですよ。

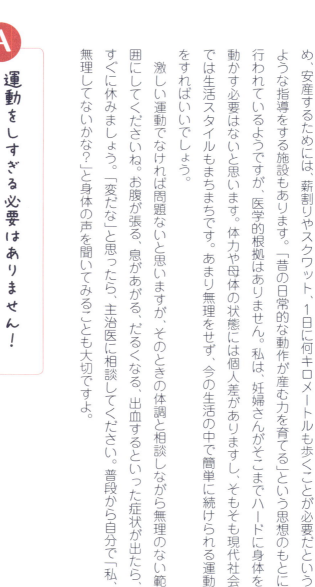

Q3 妊婦が食べたほうがいいものって？

妊娠しているからといって、特別な食事は必要ありません。お腹の赤ちゃんに栄養を届けるために、あまり好き嫌いをせず、バランスのよい食事を心がければOK。健康によいといわれるものをたくさん食べるよりも、さまざまな食品をまんべんなく食べることが大切です。

ただ、貧血を防ぐために、鉄分は意識的に摂ったほうがいいでしょう。妊娠中は子宮に栄養を行きわたらせるために血液量が急激に増えますが、赤血球以上に血漿《けっしょう》（水分）のほうが増加するため、『水血症《すいけつしょう》』と呼ばれる状態になります。これは生理的なものなので心配ありませんが、それでも赤血球が増えることで鉄分の必要量も増えるので、やはり貧血になりがちです。レバーやほうれん草などの食品、またはサプリメントで補給しましょう。

また、胎児の発育に欠かせないカルシウム、妊娠中は便秘しがちなので食物繊維が不足しないようにするとベターです。カルシウムは牛乳やチーズ、ヨーグルト、小魚など、食物繊維は野菜やきのこ、ドライフルーツなどに豊富に含まれています。

ちなみに妊娠中期に必要なカロリーは「通常必要なカロリー＋350キロカロリー」。350キロカロリーは、ご飯に換算すると1膳半くらい。増やすとしても、その程度にしてください。ただ、妊娠後期は「通常必要なカロリー＋500キロカロリー」くらいでもOKです。

そして、つわりの時期は例外。どうしても食欲がなくなるので、できるだけ食べられるものをとるしかありません。「ファストフード店のチキンナゲットしか食べられない」というときは、誰になんと言われようと食べましょう。食べないよりはずっとマシです（50ページ参照）。

また、仕事が忙しいときや体調が悪いときなど、コンビニ弁当などに頼ってしまうこともあると思います。全食手作りを理想とする人もいますが、そのために無理をしては本末転倒です。

そもそも妊婦さんが食べたものが、すべてそのまま赤ちゃんに届くわけではありませんから、あまり神経質になる必要はありません。また、小麦粉や卵、ピーナツなどのメジャーなアレルゲンをとらないようにしても、赤ちゃんのアレルギー予防にはならないこともわかってきています。さらに妊娠・授乳中のお母さんが食事を変えても、母乳の味が変わったり、母乳の出がよくなったりすることもありません（※1）。バランスのとれた普通の食事をしてくださいね。

A

妊婦だからといって特別な食事は必要なし！バランスよく普通の食事をとりましょう

※1 水野克己 水野紀子『母乳育児支援講座』南山堂

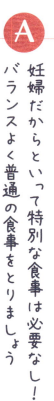

Q4 反対に食べてはいけないものは？

妊娠中は、生肉や生ハム、無殺菌のミルクやチーズは避けたほうがよいでしょう。これらのものは、先に述べた病原性原虫の『トキソプラズマ』、細菌の一種である『リステリア』に感染するリスクがあるからです。トキソプラズマに感染した場合、流産や死産のほか、胎児の脳や目に障害をきたす『先天性トキソプラズマ症』を引き起こす危険性があります。リステリアに感染した場合も流産や早産になったり、胎児が髄膜炎《ずいまくえん》を発症したりすることがあります。そのほか、食中毒のリスクが高い刺身や生牡蠣などもやめておいたほうが無難でしょう。

忘れてはならないのは、生肉や生ものを扱ったあとは、必ず包丁やまな板を殺菌すること。また細菌や原虫は土中にもいるので、土いじりは控えめにすること、手や野菜類についた泥はよく洗い流すことです。実際に生ものを食べなくても、調理器具や食器類から感染することもあるので注意しましょう。これらの母子感染症については、『トーチの会』のサイトがわかりやすいので、一度見てみてください（※1）。

また、手作りの酵素ジュースや発酵食品も雑菌が繁殖するリスクが高いので避けたほうがいいでしょう。もうひとつ、マグロなどの大きな魚には水銀が蓄積しています。少量なら問題ないと思いますが、厚生労働省でも注意を促していることだし、やめておいたほうが無難です。栄養素で言えば、ビタミンAの摂りすぎには注意が必要。皮膚や粘膜、目の健康を維持するために妊娠中も欠かせない栄養素ですが、脂溶性なので体内に蓄積されます。妊娠初期にサプリメントなどで過剰摂取すると、赤ちゃんに奇形が起こるリスクが高まります。

そのほか、酵素やコラーゲンといったサプリメントは、定期的に飲んだとしても、特に効果もなければ害もないと思います。髪の毛を食べても髪の毛が生えてこないように、アミノ酸レベルに分解されてから身体に吸収されるものに美肌などの効果があるとは言えません。それでも飲む場合は、摂取量を守るようにしてください。プラセンタは人の胎盤を材料に作られているこどもあるので、妊娠中はおすすめしません。

「精製された砂糖はダメ」「南国の果物はダメ」など、さまざまな都市伝説がありますが、ほとんどがウソです。感染症のリスクがあるものだけをやめ、衛生面に気をつければOKですよ。

A 感染症のリスクがある生ものなどはやめ、普段よりも衛生面に気をつけてください

※1　トーチの会　http://www.toxo-cmv.org/

Q5 薬を飲んだりしても大丈夫？

妊娠中に薬を飲むときは、注意が必要です。薬によっては、妊娠中に摂取すると胎児に影響するものがあります。特に血圧の薬の一種、てんかんの薬の一種、血液を固まりにくくする薬『ワルファリン』などは、本来ならば飲まないほうがよいでしょう。

でも、持病がある場合、妊娠に気づいたときに常用していた薬を自己判断でやめると大変危険です。精神的な病気をはじめ、糖尿病、甲状腺疾患などについては、薬をやめるとかえってリスクが高くなることもあります。たとえば、てんかんを抑える『バルプロ酸』という薬は、胎児に奇形が出る恐れがあります。ところが薬を飲まないと、てんかんの発作が頻繁に起こることになり、発作中は低酸素状態になるため、赤ちゃんの脳に悪影響を及ぼす危険性が出てきてしまうのです。こういったケースでは、専門家である医師がリスクとベネフィ

ットを考慮しながら、薬を「やめる」「続ける」「変更する」などといった判断をしていきます。ですから、まずは持病の主治医に相談するようにしてくださいね。

ただ、妊婦さんや授乳中の人には、まったく薬を出したくないという病院もあります。もしも持病の薬を処方してもらえない場合は、そのまま放置しないで産婦人科の主治医にも相談してください。本来、妊婦さんにとって理想的なのは、持病と産婦人科の両方の主治医が情報を共有しながら治療を行うことです。ですから、持病のほうの病院を受診したときに、医師同士で相談してもらえるように頼んでみてはいかがでしょうか。連携が難しいようであれば、もう一度、産婦人科で相談してください。

市販薬に関しては、アレルギーや花粉症の薬、風邪薬は飲んでもさしつかえありません。ただし、解熱鎮痛剤はアセトアミノフェン系以外の薬を飲まないでください。アスピリンなどの一部の解熱鎮痛剤や湿布に含まれている非ステロイド性抗炎症薬は、胎児の動脈管を閉塞させ、お腹の中で突然死を引き起こす恐れがあります。ちなみに、風邪薬はつらい症状を緩和するだけの対症療法の薬です。高熱が出ていなければ、服薬しなくてもかまいません。風邪をひいたときは、ゆっくりと休むこと、しっかりと水分補給をすることのほうが大切です。なお、妊娠しているかどうかにかかわらず、風邪に抗生剤は効かないので服用はやめましょう。

また、湿布薬や塗り薬、吸入薬は、飲み薬に比べると体内に吸収される量が少ないので、だいたいは使えます。ステロイド系の軟膏や吸入薬も問題ありません。ただし、インドメタシンやフェルビナク、ジクロフェナクなどの非ステロイド性抗炎症薬が含まれている湿布（『モーラステープ』など）を使用するときは注意が必要です。ある妊婦さんが毎日10枚以上を3週間にわたって貼っていたら、胎児の大動脈と肺動脈をつないでいる動脈管が閉じてしまうということが起こりました。少量なら問題はなかったかもしれませんが、毎日大量に貼り続けることでリスクが生じる場合もあります。湿布は、サルチル酸メチルが入っているものを選ぶようにしましょう。

市販薬に関しては、購入する前に自分で成分をチェックしたり、薬剤師に相談したりしてください。病院の薬であれば、まずは担当医に相談を。

妊娠・授乳期の服薬に関する情報機関『妊娠と薬情報センター』で、服薬に関する相談を受け付けているので、問い合わせてみるのもいいと思います（※1）。

A

すべての薬がダメではありませんが、薬の種類には注意が必要です

※1 国立成育医療研究センター http://www.ncchd.go.jp/kusuri/

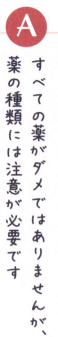

• 妊娠中に飲んでもいい薬

種類	商品名	一般名
解熱鎮痛剤	ピリナジンなど	アセトアミノフェン
鼻水・咳・痰の薬	ポララミンなど	D-クロルフェニラミンマレイン酸塩
	アストミン	ジメモルファンリン酸塩
	メジコン	デキストロメトルファン臭化水素酸塩
	ムコダインなど	L-カルボシステイン
	ムコソルバンなど	アンブロキソール塩酸塩
抗生剤	パセトシンなど	アモキシシリン
	ジスロマック	アジスロマイシン水和物
便秘薬	酸化マグネシウム	酸化マグネシウム
胃腸症状の薬	ガスターなど	ファモチジン
アレルギーの薬	アレグラ	フェキソフェナジン塩酸塩
	アレロック	オロパタジン塩酸塩
	クラリチンなど	ロラタジン
降圧剤	アルドメット	メチルドパ水和物

※そのほか、喘息薬、甲状腺に作用する薬などは、そのまま使っても大丈夫なものが多いので、医師に相談のうえで服用を続けましょう。

• 妊娠中に飲んではいけない薬

種類	一般名の例	リスク
ビタミンA	ビタミンA	胎児奇形など
解熱鎮痛剤	ジクロフェナクナトリウム	胎児毒性
	ロキソプロフェン	胎児毒性
抗凝固薬	ワルファリン	胎児奇形、流産、早産など
降圧剤	ACE阻害薬	胎児発達遅延、羊水過少など
躁病の薬	炭酸リチウム	胎児奇形
経口血糖降下薬	グリメピリド	胎児の低血糖
胃腸症状の薬	ミソプロストール	流産、早産

※妊娠中の薬については、すべてリスクとベネフィットを天秤にかけて考える必要があります。たとえば、抗てんかん薬のバルプロ酸は、赤ちゃんに奇形が起こる可能性のある薬ですが、ほかの抗てんかん薬でうまく発作を抑えられない場合には使用することがあります。同様に、抗がん剤や抗精神病薬なども使わないといけないときは使ったほうがいいです。ただし、『妊娠中に飲んではいけない薬』に挙げたものは、同じ効果のほかの薬に変更できるので、できれば妊娠前に変えてもらいましょう。

Q6 妊娠中の嗜好品は一切ダメ？

妊娠したら、妊婦さん自身や赤ちゃんのために、これまでの日常生活で親しんできた嗜好品《しこうひん》を断ったり、量を控えたりすべきことが出てきます。かといって、何もかもがダメなわけではありませんから、代表的な嗜好品について書いておきますね。

・コーヒー

コーヒーに限らず、紅茶や緑茶、ココア、コーラなどに含まれるカフェインを摂りすぎると、流産や低出生体重児（52ページ参照）のリスクがあることがわかっています。

ある研究によると、カフェインの1日の摂取量が100mgまでに比べて、500mg以上だと2・2倍の流産率になるとあります[※1]。ドリップコーヒー1杯のカフェイン量が約100mgなので、5〜6杯飲むと流産率が2倍になるということ。紅茶や緑茶も1杯に約30〜50mgのカフェインが含まれているし、玉露はそれよりも多いです。カフェインにはリラックス効果もあるし、摂ってもかまいませんが、コーヒーなら2〜3杯程度にしたほうがよいでしょう。カフェインレスのデカフェ、ルイボスティーやコーン茶も美味しいですよ。

・タバコ

絶対にやめてほしいのが、タバコです。タバコを吸う人は吸わない人に比べて、流産や早産だけでなく、『妊娠高血圧症候群』(67ページ参照)、『胎児発育遅延』、胎盤が急に剥れる『常位胎盤早期剥離』といった合併症のリスクが明らかに高くなってしまいます。

またタバコを吸うと、母体だけでなく胎児の血流も悪くなり、胎盤の血管がボロボロになるので、赤ちゃんがすくすくと成長できなくなってしまうのです。それにともなって、赤ちゃんの脳の発育が悪くなるというリスクがあることも知っておいてください。

ちなみに妊娠中は、少量のニコチンを血中に入れることで無理なく禁煙するための『禁煙補助薬』の使用はNG。禁煙治療は、妊娠前に受けておいたほうがよいでしょう。妊娠してから禁煙する場合は、ミント系のガムを噛むなどしてがんばるしかありません。つわりで気持ちが悪い時期にきっぱりとやめてしまうと、禁煙しやすいでしょう。

タバコは、すぐにやめるべきですが、現実的には妊娠発覚と同時に一切吸わないというのは難しいことも多いようです。医師の中には、「1日1本ならいいよ」と許可する人もいます。単純に考えると、たとえば1日20本を吸っている人が10本に減らせたとしたら、10本分の害が減るわけです。まずは、ここから始めて、どんどん本数を減らしてゼロにしてください。

なお、妊娠中だけでなく出産後も、タバコは赤ちゃんにとって「百害あって一利なし」。同居している人がタバコを吸えば、赤ちゃんも副流煙を吸い込むことになります。また幼児の誤飲事故の約3割は、タバコです。お母さんはもちろんのこと、家族に喫煙者がいれば一緒に禁煙したほうがいいでしょう。

・お酒

タバコに比べたら、お酒は一滴でもダメということはありません。でも、器官形成期（妊娠2か月5週〜3か月11週）にお酒を飲むと、赤ちゃんの発育不全のリスクが生じるので控えてください。それ以降、少量のお酒を楽しむのは問題ありませんが、妊娠中に大量のアルコールを摂ると、『胎児性アルコール症候群』によって赤ちゃんに知的障害が起きる危険性があります。

人によって肝臓のアルコール分解能力には差があるので、一概に「どのくらいなら飲んでもよい」とは言い切れませんが、目安としては缶ビールなら350㎖を1本、ワインならグラスに1杯くらいを、たまにゆっくりと楽しむ程度なら大丈夫でしょう（※2）。

最近では、さまざまなノンアルコール飲料があるので、試してみるのもおすすめです。

・辛いもの

よく「妊娠中は辛いものを食べてはいけない」という話を聞きますが、これはまったくのウソ。もしも本当だったら、韓国やインド、マレーシアなどの辛い料理が多い国の妊婦さんは困りますよね。辛いものが食べたいときは、自由に食べてかまいません。

・ハーブティー

ジャスミンのようにお腹が張りやすいとされているものもありますが、それほど強い作用はないようです。1日に1〜2杯を飲む程度であれば、特に問題はないでしょう。

A

辛いものは問題なく、コーヒーやハーブティーは少量ならOK。
お酒は器官形成期のあとに少量なら大丈夫です。
でも、タバコだけはやめましょう！

※1 N Engl J Med. 2000 Dec 21; 343 (25): 1839-45.
※2 BJOG. 2013 Oct; 120(11): 1340-47.

Q7 妊婦がしていいこと、いけないことは？

妊婦さんがしていいこと、してはいけないことの線引きは、個人差があって難しいところです。またネットやクチコミで広がっている都市伝説も含めると、やってはいけないことが多すぎたり、人によって言うことが違ったりして混乱します。そこで、私が診察時によく聞かれることについてまとめてみました。このほか、自分で判断しにくいことがあれば、産婦人科医に聞いてみてくださいね。

・旅行

私は基本的に旅行をしてはいけないという指導はしませんし、航空会社も妊娠9か月までは搭乗させてくれます。でも、妊娠中の旅行を「マタ旅」などと言って安易にすすめる風潮には反対です。まず、旅行に出かける前に、行き先にかかりつけではない妊婦を救急でみてくれる産婦人科があるかどうかを確認しておいてください。以前、産婦人科医のいない沖縄の西表島や竹富島に行ったときに、お腹の大きな妊婦さんに会うことがありましたが、何かあったらどうするのかなと心配したことがあります。石垣島の医師も「お腹が張ったという妊婦さんを飛行機の時間まで入院させたよ。何をしに来たのかわからないね」と言っていました。

何かあったときのことを考えると、妊婦さんの場合は近場への旅行が無難です。混雑しているテーマパークなどに行くのは避けてください。もちろん、臨月に入ったら旅行は控え、どの時期でも外出時には必ず母子手帳を持ち歩くようにしましょう。

・ヒール靴

靴については、できるだけ安定して歩けるヒールのないもののほうがいいと思います。人によっては3~4㎝のヒールがあったほうがラクだと言う人もいますが、お腹が大きくなると身体の重心が変わるため、支えるために使う筋肉も普段と違ってきて、バランスを崩しやすくなります。そのため、ヒール靴が履きづらくなってくるはずです。転倒する危険性もあるので、おすすめはできません。

・授乳

妊娠すると、授乳をやめるように言われることも多いと思います。授乳をするとオキシトシンというホルモンが分泌されるため、お腹が張ることがありますが、直接的に流産や早産につながることはありません。上のお子さんに母乳をあげたい人はあげても大丈夫。ただし、切迫流産、切迫早産の危険性がある人やドクターストップがかかっている人はやめましょう。

・温水洗浄便座

日常的に温水洗浄便座のビデを使っている人は、そうでない人と比べて、膣のB群溶血性レンサ球菌（GBS）の保菌率が高いことがわかっています（※1）。また、温水洗浄便座で洗いすぎると、膣や肛門の自浄作用が弱まってしまいます。少なくともビデは使わないほうがいいでしょう。ただ、ビデの使用が早産につながるわけではありません（※2）。

・マッサージ

マッサージ自体が悪いということはありませんが、長時間仰向けになっていると、『仰臥位《ぎょうがい》低血圧症候群』（46ページ参照）になることがあるので、あまりおすすめはしません。お店によっては「妊婦さんは施術を受けられません」と明記しているところもあります。もしもマッサージに行きたい場合は、妊婦専門のコースがあるところを選ぶといいでしょう。

・胎教

お腹の中の赤ちゃんに聞こえるのは、お母さんの大声くらいです。お母さんの声でも通常の音量なら聞こえないし、お父さんなどの声や音楽、物音などは聞こえません。でも、赤ちゃんに話しかけることで愛着が深まったり、気持ちのいい音楽を聴くことでお母さんがリラックスできたりするというメリットはあります。

・ペット

ネコを介して、トキソプラズマに感染することがあります（32ページ参照）。妊娠中に初感染することでリスクが生じるので、ずっと飼っているネコはかまいませんが、新しく飼い始めるのは避けましょう。ずっと飼っているネコも、外に出さないようにしたほうがいいと思います。ちなみに、イヌはトキソプラズマの宿主にならないので大丈夫です。

また、ペットを飼っていると子どもの喘息やアトピーが少なくなるというデータもありますから、産後ならよいと思います（※3）。

・その他

ガーデニングなどの土いじりは、トキソプラズマなどに感染する危険性があるので避けたほうが無難です。重いものを持つのも、お腹に力を入れるほどならば持たないほうがベター。自転車については、アメリカ産婦人科学会はＯＫとしていますが（※4）、バランスを崩しやすいほどお腹が大きくなった人、切迫早産の恐れがある人はＮＧ。一方、温泉やプールなどは衛生管理されているので、感染症の心配はありません。妊婦さんに悪い泉質というのもありません。

※1 J Obstet Gynaecol Res. 2010 Oct;36(5):1071-4.
※2 Obstet Gynecol. 2013 Jun;121(6):1187-94.
※3 Clin Exp Allergy. 1999 May;29(5):611-7.
※4 FREQUENTLY ASKED QUESTIONS FAQ0119 PREGNANCY

Q8 セックスってしていいの？

「したいときはしましょう。したくないときはやめましょう」ということにつきます。

妊娠中のセックスについて、特別な注意事項はないのですが、できれば感染症を防ぐためにコンドームをつけたほうがいいでしょう。でも、まあ、そうは言ってもつけない人が多いと思うので、当たり前のことですがお互いにパートナー以外の人とはせず、事前にシャワーを浴びるなどして身体を清潔にしてください。

体位については、お腹が大きくなってきたら、長時間の正常位は避けたほうが無難です。妊婦さんが長く仰向けのままでいると、子宮の重みによって血管が圧迫され、急激に低血圧になって吐き気や冷や汗が出る『仰臥位低血圧症候群』になることがあります。お互いに横向きに寝た姿勢のままバックから、もしくは女性が柱やイスなどにつかまる姿勢でバックから、というのがわりと

ラクだと思います。

ちなみに、セックスのときにお腹が張るのが気になるという人は多いですよね。これについて、私がいつも外来で説明しているポイントは次の4つです。

①乳首を触られると、女性の体内ではホルモンの一種であるオキシトシンが分泌されて、子宮が収縮し、お腹が張ります。

②子宮の奥をペニスで強く突かれると、『ファーガソン反射』という神経反射が起こって、やっぱり子宮が収縮して、お腹が張ります。

③オーガズムに達したときも、同様にオキシトシンが分泌されて、よりお腹が張ってきます。

④膣内に射精すると、精液の中のプロスタグランジンによって、やっぱりお腹が張ります。

つまり、前戯から挿入、オーガズム、射精まで一貫してセックスは「子宮が張る行為」と言えるわけです。お腹が張るという状態はセックス以外でも起こりますが、やはりセックスをすることで張りが気になるのは確か。でも、お腹が張ったからといって、流産や早産につながるわけではないので、アメリカ産婦人科学会は妊娠中のセックスを基本的に禁止していません(※1)。だいたい妊娠中のセックスを禁止すると、長期間セックスレスになりますよね。

ただし、切迫流産などと診断されて、医師に「セックスは控えたほうが安全」と言われた場合は、やはりやめておいたほうがいいと思います。不安がある人は医師に相談してください。

そもそも、男性によっては、母になろうとしている女性の身体を「性的な対象」として見られなくなる人もいるかもしれません。これはある意味では自然なことで、普通は一時的なこと。そのほか、大切な時期だからと、男性側が遠慮をしてしまうこともあるかもしれません。一方、女性のほうだって、妊娠してからは、大切な赤ちゃんが気になって集中できない、自然と性欲がなくなってしまった、体調が悪くてそれどころではないという人もいます。

ただ、スキンシップはとても大切なことですから、オーガズムや挿入にこだわりすぎずに、お互いの気持ちを重視した触れ合い方を考えてみるといいと思います。パートナーとお互いに満足できるようであれば、キスをするだけでも、手をつなぐだけでもいいでしょうし、オーラルセックスなどでもいいわけです。それぞれのご夫婦で話し合って、無理なくやさしい気持ちを育めるようにしてください。

A

ドクターストップがかかっていなければ、好きなときにセックスをしてもＯＫ！

※1　FREQUENTLY ASKED QUESTIONS FAQ032 PREGNANCY
参考：J Sex Med. 2010 Aug;7(8):2782-90.

【妊娠編】

2

トラブルについて

Q1 つわりがひどくて困っています

つわりは、妊娠初期にみられる食欲不振や嘔吐などのこと。少し気持ち悪いくらいの人から、食事が喉を通らなくて点滴をしなければならない人までいて、症状の重さには個人差があります。ちなみに、若い妊婦さんのほうが重い傾向があるそうです。

世間には「病気じゃないんだから」とか「根性があれば乗り切れる」などと言う人もいますが、気持ちの持ち様でどうにかできるものではありません。ただでさえ、妊娠中は精神的にも不安定になりやすいもの。無理をして不眠症になったり、イライラしたりして体調を崩しては元も子もありませんから、あまりがんばりすぎないようにしましょう。

つわりの時期には、赤ちゃんのさまざまな臓器が作られるので、栄養（特に炭水化物）の摂取が重要です。何も食べないよりはずっといいと割り切って、食べられるものを食べるようにしてください。一般的に水分の多いものだと吐きやすく、少ないものは食べやすいとされています。よく噛んだほうが吐きにくいようです。でも個人差もあるし、少量しか食べられないのであれば、アメやガム、果物、スポーツドリンクなどで糖分と水分をまめに補給しましょう。

それでも、あまりに気分が優れないときは我慢しないで、産婦人科医に相談してください。

A 食べられるものを食べて乗り切って！ あまりにひどいときは、産婦人科で相談を

吐き気や嘔吐、胃のむかつき感がひどい場合は『吐き気止め』が処方されることがあります。また、「食べても吐いてしまう」「食べものを見るのも嫌だ」という人の中には、『逆流性食道炎』になってしまう人も。人によっては、少量の食事や水分さえもとれなくなることがあります。ここまで症状が重いと、脱水に陥ったり、ビタミンB_1不足によって眼球運動障害や運動失調が起こる『ウェルニッケ脳症』になったりすることもあるので、点滴による栄養（ビタミンB_1を含む）や水分の補給が必要です。

また、つわりの時期は歯磨きがつらいものですが、磨かないと歯がボロボロになってしまいます。簡単でもいいので、できるだけ歯磨きをし、どうしてもできない人は液体の歯磨き剤を利用したりしてくださいね。気持ち悪くなるのを避けるためにも、歯茎が腫れて出血しやすくなる『妊娠性歯肉炎』を防ぐためにも、食後30分以上経ってから磨くようにしましょう。

つわりのピークはだいたい3か月8～10週頃で、その後は少しずつ減り始め、12週の終わり頃には症状もだいぶ落ち着いてきますよ。

Q2 体重が増えていると叱られました

助産師や医師の中には、「太ったら産道に肉がついて難産になる」「体重を制限すれば安産になる」と、体重が増えなければ増えないほどいいと思っている人もいるようですが、決してそんなことはありません。もともと肥満の人が過剰に太る、標準体重の人でも20kg以上増えるといった極端な場合は問題ですが、適正な範囲内の体重増加はしたほうがいいのです。

厚生労働省は、妊婦さんの体重増加について、BMI値における標準体重（69ページ参照）の場合で7～12kgが望ましいとしています。出産直後は、だいたい「赤ちゃんの体重＋2kg」が体外に出ていくことになるので、お母さんの体重は一気に5kgくらい減ります。残りは、妊娠中に赤ちゃんを守るために大きくなった子宮の筋肉や腰まわりの脂肪です。すると、「妊娠中に5kg以上は太らないようにすれば、スタイルを維持できるし、安産になる」と考える人もいるかもしれませんが、それでは赤ちゃんと母体に必要な栄養が不足します。

妊婦さんの栄養状態が悪いと、2500g未満の『低出生体重児』が生まれやすくなります。こうして生まれた子どもは合併症を発症しやすく、成人してからも生活習慣病になりやすいといったリスクがあります（※1）。また、胎児は母体の環境をもとに栄養状態を予測し、プログラミングして生まれてくるといわれています。そのため、妊娠中の母体が低栄養状態だと、出生後に栄養状態がよくなったとき、その子にとっては過栄養の状態になり、将来メタボリック症候群や肥満になりやすくなるのです(※2)。

そのほか、私たちの体内では糖質が足りなくなると、脂肪やタンパク質を分解してエネルギー源に変えようとしますが、同時にケトン体という物質が作られます。このケトン体が増えすぎると、胎児の発育に悪影響を及ぼす危険性があります。特に妊娠初期の器官形成期に、母体が飢餓状態になると、赤ちゃんのIQが低くなるリスクがあるともいわれています(※3)。赤ちゃんの未来のためにも、きちんと栄養を摂ることは重要なのです。

ですから、たとえば妊娠前から太っていたとしても、「妊娠前の体重+12kg」に達しても、食べすぎに気をつけながら、できるだけバランスのよい食事をとりましょう。

A

母体と赤ちゃんの栄養が不足しないよう、適切な範囲の体重増加はするべきです

※1 Hypertension. 2000 Nov;36(5):790-4.
※2 Diabetologia. 1994 Feb;37(2):150-4.
※3 N Engl J Med. 1991 Sep 26;325(13):911-6.

Q3 よくお腹が張るので不安になります

妊娠6か月に入った頃から、お腹の張りを感じる人が多くなります。感じ始める時期には個人差があって、もっと早い人もいれば遅い人もいます。張りの感じ方もさまざまで、ちょっとお腹が突っ張るという人もいれば、ピキッとお腹が硬くなるような人もいます。中には、妊娠初期から中期にかけて下腹部にチクチクした痛みが生じる場合もありますが、この痛みは子宮を支える円靭帯《えんじんたい》が伸びることによって起こると考えられます。特に異常はないと思いますが、気になる場合は病院でみてもらいましょう。

お腹が張ったときの対処法は、基本的に安静にして休むことです。立っていたら座る、できれば横になるというように、とにかくリラックスした状態で少し休んでください。そうすれば、たいていの場合はお腹の張りがおさまってくるはずです。運動中にお腹が張る場合は、もっと軽めの運動に切り替えましょう。

仕事中にお腹が張るような場合は、職場の人に相談して、休憩をとれるようにしてもらったほうがいいでしょう。母子手帳にある『母性健康管理指導事項連絡カード』を産婦人科医に記入してもらって会社に提出し、勤務時間や形態を調整してもらう方法もあります。

ここで誤解してほしくないのは、お腹を張らせたことが原因で流産や早産をするわけではないこと。あくまでも流産や早産の兆候のひとつとして、お腹の張りが現れることがあるだけで逆はありません。1時間に何回もお腹が張ったり、時間とともに張りが強くなったり、休んでも張りがおさまらなかったり、強い痛みをともなったりする場合は受診が必要です。出血や破水をともなう場合も、その量の多少にかかわらず、早めにみてもらいましょう。茶色いおりものが出た場合も、古い血液が出てきたせいであって出血には変わりないので、必ず医師に相談してください。

そうして診察を受けると、「切迫流産（ぎみ）です」「切迫早産（ぎみ）です」などと言われる人もいるかもしれません。

切迫流産とは、妊娠6か月21週までに妊娠が終わりかけている状態。22週未満だと、赤ちゃんがお母さんの体外で生きられないため、こう表現されます。一般的に胎児のほうの問題であることが多く、4か月12週までは有効な薬剤がないため、ほとんどは経過観察となります。それ以降は、子宮収縮抑制剤が使われることも。

一方の切迫早産は、妊娠6か月22週～10か月37週未満で赤ちゃんが生まれそうな状態です。37週0日以降は『正産期《せいさんき》』と呼ばれ、赤ちゃんの体重がしっかり増えて、お腹の外の世界で生きていく準備が整い、いつ生まれても大丈夫な時期。つまり、36週までは準備が不十分です。母体の細菌感染や体質によるものが多く、感染がある場合は抗生剤を使うことがあります。また、子宮収縮抑制剤が処方されることもあるでしょう。いずれにしても軽い場合は通院で経過観察しますが、症状が重いと入院が必要になることもあります。

ちなみに『骨盤ベルト』の中には、骨盤を締めることで早産を予防できると謳っているものもありますが、そんなことは不可能です。そもそも出産に向けて骨盤が開いていくのは自然なことなので、出産前や出産時に締める必要はありません。ただ骨盤ベルトを使うことで、腰痛や坐骨神経痛が和らぐ場合はあります。

ある雑誌のアンケートによると、出産経験者の約4割が「切迫早産または早産ぎみと言われた経験がある」とのこと。つまり、とても頻繁に診断されるものなのです。でも、実際に早産になる人は全体の5％程度ですから、主治医にどのくらい流産や早産になってしまいそうなのか、よく聞いてみましょう。

A

ほとんどの場合は少し休むとおさまるはず。それでも張る場合は産婦人科医に相談を

Q4 マイナートラブルはどうしたらいい？

妊婦中のマイナートラブルは、つわり以外にもたくさんあります。私自身もひどいつわりのあと、脚がむくんだりつったり、痔《じ》になったりしました。個人差が大きいので、ひとつしか経験しない人もいれば、さまざまな症状に悩まされる人もいます。すっきり解決することは難しいのですが、よくあるトラブルの対処法をまとめてみたので参考にしてくださいね。

・脚のつり、むくみ、静脈瘤《じょうみゃくりゅう》

原因はわかっていませんが、お腹が大きくなるにつれて血管が圧迫されるために下半身の血流が悪くなり、その結果、脚がつったり、むくんだりするのではないかと考えられています。同じ理由で太ももやひざの裏、すね、ふくらはぎのほか、肛門や膣などの静脈が瘤のように膨らむ『静脈瘤』が現れることもあります。

これらの症状がある場合は、適度な運動をしたり、入浴などで血行をよくしたりして対処するのがいいと思います。『メディキュット』のような弾性ソックスを履いたり、脚を高くして寝たり、入浴中に脚をマッサージしたりするのもいいでしょう。

妊娠中のむくみの予防には、「水分や塩分を控えるとよい」と言う人がいます。しかし、水分や塩分が足りないと、特に夏場は脱水や熱中症にもなりかねないので大問題。妊娠中は、普通にとったほうがいいでしょう。

・便秘

普段から便秘ぎみの女性は多いものですが、妊娠中はプロゲステロンという黄体ホルモンの分泌によって腸の働きが抑制されるため、便秘になりがちです。適度な運動をしたり、水分やヨーグルト、繊維質の多い食品をとったりするのがいいと言えますが、それだけで解決するのは難しいもの。便秘が続く場合は、病院で『酸化マグネシウム』を処方してもらうといいでしょう。市販薬には『センナ』が入っているものがあり、腸を激しく動かすので、よほどひどい場合以外はおすすめしません。また、自然なお通じにこだわって便秘が続くと、身体に悪影響を及ぼしかねないので、必要なときは薬を飲むようにしましょう。

・痔

痔も静脈瘤のひとつで、下半身の血流が悪くなる妊娠中には自然に起こり得ることです。ひどくならないうちに市販薬を塗る、便を柔らかくする酸化マグネシウムを飲んで肛門の負担を軽くする、病院を受診するなどして対処しましょう。産婦人科でも対応してくれますよ。

・腰痛

妊娠中期から後期にかけて悩まされる人が多くなります。骨盤ベルトやサポーター、湿布などを使うといいと思います。湿布はサルチル酸メチルが入っているものを選び、プロフェンを含む非ステロイド性抗炎症薬が入っているものは避けたほうがよいでしょう（34ページ参照）。できれば、産婦人科で処方してもらうのが安心です。

・冷え

妊娠中は血液量が増えるため、普段は冷え性の人でも気にならなくなることが多いでしょう。身体は常に温めたほうがいいと信じている人もいますが、妊娠中はそれほど温める必要はありません。自分が快適に感じる程度の着衣で十分です。また、冬場の寒さ対策としてカイロなどを利用する場合は、足先や首の後ろ、肩甲骨のあいだ、腰などにあてるようにしましょう。お腹を温めたいときは、子宮内が高温になると赤ちゃんの神経発達に支障をきたすため、カイロなどを使わずに腹巻などをするようにしてください。肩甲骨を寄せたり離したりするストレッチ、足指でグーパーをするストレッチでも温かくなりますよ。

・妊娠線

妊娠後期になると、急激にお腹が大きくなるため、赤紫色のミミズ腫れのような『妊娠線』

ができやすくなります。一度できると消えないので、急激にお腹が出ないよう体重の増加を緩やかにすること、皮膚をこまめに保湿することが大切です。高価な妊娠線予防用のものもありますが、要は保湿することが重要なので、普通のクリームやオイルでも効果は変わりません。

・シミや体毛

妊娠中は、ホルモンの影響によってメラニン色素が増えるため、普段よりシミができやすくなります。また体毛が濃くなることもあります。どちらも出産し終えれば、少しずつ薄くなってくるので、あまり気にしなくても大丈夫です。

・頻尿・尿漏れ

子宮が大きくなってスペースをとるようになると、膀胱が広がれなくなるため、頻尿になりがちです。面倒ですが、異常ではありません。腹圧による尿漏れも起こりやすいですが、尿漏れパッドを使う、骨盤底筋群をケアするエクササイズをする（113ページ参照）などで対処しましょう。決して水分を控えることはしないでください。頻尿に加えて排尿時にしみるような痛みがある場合は膀胱炎も考えられるので、産婦人科医に相談しましょう。また、尿漏れだと思っていたら破水だったということもあります。破水は一気にドバッと出たり、チョロチョロと出続けたりと、その様態はさまざま。心配な場合は、病院に連絡してくださいね。

・おりもの

妊娠によってプロゲステロンというホルモンの分泌量が増えるため、腟内のｐＨが変化し、細菌が侵入・繁殖しやすくなります。灰白色や黄色、緑色などのおりものが出る場合は、『細菌性腟症』を起こしていることも。また、茶褐色や黒色の場合は出血かもしれません。外陰部にかゆみがある場合は、『カンジダ外陰炎』の可能性があります。これらは妊娠中に、しばしば起こることなので、症状があったら病院で相談を。一方、妊娠中期を過ぎて、おりものシートや下着がびっしょりと濡れるほどおりものが出る、常に水が出ているような感じがする場合には破水かもしれませんので、すぐ病院に連絡しましょう。

このほか、気温の変化やにおいに敏感になったり、息切れがしたり、日中も眠くなったり、涙もろくなったり、唾液が増えたりすることもあります。身体が変化する妊娠中には、どれが起こっても不思議ではありませんが、気になる場合は医師に相談してくださいね。

A

すっきり解決することは難しいですが、さまざまな対処法を試してみて！

Q5 逆子は、どうしたら直るの？

妊娠8か月29週くらいまで、赤ちゃんは羊水に浮かびながらクルクルと動きまわっています。通常は30週あたりから一定の位置におさまって、頭を下にした姿勢になります。しかし、それ以降の健診で頭を上にした『逆子』だったとしても、そのまま出産を迎えると決まったわけではないので、あまり心配しすぎないでください。実際に、30週で逆子というケースは約15〜20%、それが分娩時には約3〜4%程度に減少します（※1）。このように途中までは逆子だったとしても、最終的にはほとんどの赤ちゃんが正常な位置におさまってくれるのです。

四つん這いで下を向いたり、仰向けで腰を上げたりして行う逆子体操というのもいくつかあるようですが、その効果は証明されていません。私は健診で妊婦さんに「逆子はどうしたらいいですか？」とよく聞かれますが、「何もしなくても、下を向く赤ちゃんはいずれ下を向きます。逆子のままの赤ちゃんは、そのほうが居心地がよいということなんですよ」と答えています。少しでも何かできないかと思う気持ちはよくわかりますが、赤ちゃんの姿勢をコントロールすることはできません。赤ちゃんの力に任せましょう。

中には、妊婦さんのお腹の上から手をあて、赤ちゃんを回して頭を下にする『外回転術《がいかいてんじゅつ》』という処置ができる病院もあります。赤ちゃんの姿勢が頭位（頭が下）になれば経腟分娩にトライできますが、胎児を圧迫するわけですから心拍数の悪化などのリスクもあります。回りやすさを考えて早期に行うところもありますが、外回転術中に急変して緊急帝王切開になるケースもまれにありますから、生まれてもよい36週以降にしてもらいましょう。

さらに数少ない病院でのことですが、逆子のまま分娩させることも。ただし、赤ちゃんに麻痺が起こったりする確率が高くなってしまうので、私は無理をせずに帝王切開で産むほうがいいと思います。全国的に同様の判断をするほうが主流です。そのほか「うちは逆子でも（経腟で）産ませてあげます」という助産院で出産し、悲しいことに赤ちゃんが亡くなってしまったという事件もあります。そもそも助産院で逆子の出産をすることは認められていないのに。

せっかく臨月まで育ててあげた赤ちゃんを失っては元も子もありません。出産直前に逆子だった場合には、赤ちゃんがより安全に生まれるような選択をしてほしいと思います。

A

完全にコントロールすることはできません。赤ちゃんの力に任せましょう

※1　23rd Edition Williams Obstetrics

Q6 高齢出産のリスクってありますか？

現在、35歳以上の人が出産すると『高齢出産』と呼ばれます。芸能ニュースなどを見ていても、35歳どころか40歳以上になって産む人も珍しくなくなりました。日本では年間約100万人の赤ちゃんが生まれていますが、そのうち約4人に1人の母は高齢出産。都内の大きな病院では、40歳以上の妊婦さんが10〜20％を占めているといいます。もはや高齢出産は日常的なことと言えそうですね。私自身も35歳で妊娠して35歳で出産したので、立派に高齢出産です！

こう聞くと、「40歳以上でも妊娠できる」と思うかもしれませんが、妊娠できない人のほうが圧倒的に多いということもまた事実。年齢が高くなるにつれて、妊娠できる確率は確実に低くなります。たとえ妊娠できたとしても、卵子や精子が老化していると、流産の確率もダウン症をはじめとする染色体異常の赤ちゃんが生まれる確率も高くなるのです。

しかし、流産をまぬがれた赤ちゃんのほとんどは正常です。世間では「高齢出産＝障害を持つ子どもが生まれやすい」との誤解を招く情報が流れていますが、実際には35歳で約99・5％、40歳で約98％、43歳で約95％の赤ちゃんの染色体は正常です。ただ、全体で3〜4％の赤ちゃんは母体年齢に関係なく、なんらかの障害を持って生まれています。高齢出産で気になるのは、染色体異常よりも、むしろ妊娠できるかどうかと、高い流産率のほうではないでしょうか。

ちなみに「一人目を産んでいれば、二人目は高齢出産でも大丈夫」と言う人がいますが、これも誤解です。確かに、分娩自体に関しては経産婦のほうがスムーズと言えますが、流産や染色体異常などのリスクに関しては一人目でも二人目でも変わりはありません。

そのほか、母体年齢が高くなると増えるリスクとしては、主に次のようなことが挙げられます（もちろん、母体年齢が低くても起こり得ることです）。

- 妊娠高血圧症候群……妊娠6か月20週〜分娩後12週までに高血圧、または高血圧にタンパク尿をともなうこと。胎児の発育に影響を及ぼすため、早産、子宮内胎児死亡、未熟児、死産などが起こりやすくなります。血圧のコントロールが必要で、ときに人工早産を行うこともあります。（67ページ参照）
- 妊娠糖尿病……妊娠中に初めてわかった糖尿病のこと。血糖値が高いと、赤ちゃんが大きくなりすぎたり羊水が増えすぎたりして、早産や難産のリスクが上がります。赤ちゃんが低酸素状態になることもあるため、血糖値のコントロールが必要です。（70ページ参照）
- 前《ぜん》置《ち》胎《たい》盤《ばん》……通常、子宮のてっぺん側にできる胎盤が下のほうにできて子宮口を覆ってしまう状態で、大出血などのリスクをともないます。子宮が大きくなるにつれて胎盤が上へあがっていくことも多いのですが、出産時に子宮口をふさいだままだと帝王切開術を行います。

・遷延分娩《せんえんぶんべん》（難産）……陣痛が十分に強くならなかったり（微弱陣痛）、赤ちゃんの回り方が悪かったり（回旋異常）などして、出産が順調に進まずに長引くこと。人為的な手助けなしでは、出産に至らないことも。経膣分娩が難しいと考えられる場合、産婦さんや赤ちゃんが疲れて具合が悪くなった場合は、帝王切開術を行います。（98ページ参照）

・帝王切開術……お腹と子宮を切開して、赤ちゃんを取り出す手術。経膣分娩が難しい場合に行います。所要時間は通常1時間以内ですが、時間がかかることもあり、母体死亡率は経膣分娩の4〜10倍といわれています。（104ページ参照）

ただ、34歳までのお産と35歳以上のお産が急に変わるわけではないし、私がみてきた高齢出産の妊婦さんはおおむね無事に出産されています。リスクが高いというと、まるで半数以上の人が該当するように誤解する人がいますが、そんなことはありません。リスクを知っておくことは大切ですが、それにとらわれすぎないようにしましょう。

A

さまざまなリスクの確率が上がりますが、母体年齢が低くてもあり得ることです

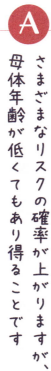

Q7 太ると妊娠中毒症になるって本当？

「あんまり太ると妊娠中毒症になるよ」という言葉を耳にすることがありますよね。でも、太ることと妊娠中毒症に直接の因果関係はありません。

そもそも『妊娠中毒症』は昔の名称で、今では『妊娠高血圧症候群』といいます。妊娠6か月20週～分娩後12週までに高血圧、または高血圧にタンパク尿をともなう症状が出る、妊産婦さんの合併症のことです。以前は、これに浮腫（むくみ）を加えた3つの症状のうち2つ以上の症状が、妊娠後に初めてみられた場合、妊娠中毒症と診断されていました。ところが、妊産婦さんの状態や赤ちゃんの障害に血圧の高さが大きく影響していることがわかってきて、高血圧を意識した現在の病名になったのです。

ちなみに、妊娠高血圧症候群と診断される基準値は、以下の通りです。

- 高血圧……収縮期血圧140㎜Hg以上、拡張期血圧90㎜Hg以上（いずれか一方でも）
- タンパク尿……1日量（24時間）300㎎以上

※1回量で30㎎／dl以上が（＋）（ただし偽陽性も含む）

原因ははっきりとわかっていませんが、なんらかの理由で胎盤へと向かう血管が縮んでしまったときに血圧を上げることで赤ちゃんに栄養を送ろうとするため、また母子間の免疫も関係していて、高血圧になると考えられています。こうして高血圧になると、腎臓の血管がダメージを受けるため、タンパク質が漏れ出して、タンパク尿が出ます。さらに腎機能が低下することで、体内に水分が溜まって、むくみが起こります。妊娠中は脚がむくみやすいものですが、この場合は顔や手までむくむことも。そして、体重が増えるケースもあります。「体重が1週間に500g以上増えるのは、妊娠高血圧症候群のサイン」などと言われることがありますが、これはむくみの結果として体重が増えるという意味。体重が増えたからといって、妊娠高血圧症候群になるという意味ではありません。

日本において妊娠高血圧症候群の妊産婦さんは、全体の約3～4％（初産婦の7・5％）。もともと糖尿病、高血圧、腎臓病などの持病があったり、多胎妊娠だったり、妊娠前のBMI値が高かったりするとなりやすくなります。BMI値の算出方法は、以下の通りです。

【BMI値の出し方】

体重（kg）÷（身長（m）×身長（m））

BMI値が18・5未満だと「やせ」、18・5〜25未満は「標準」、25以上は「肥満」です。たとえば、身長160㎝、体重50kgの人の場合は、50÷（1・6×1・6）という計算で、BMI値は19・5で「標準」となります。

上半身がむくむ以外にも、目がチカチカしたり、頭痛がしたり、普段と違うと感じたら、妊娠高血圧症候群の兆候かもしれないので、産婦人科医に相談を。胎児の発育に影響を及ぼすため、場合によっては安静や食事療法、降圧薬や鎮静薬による薬物療法が必要な場合もあります。

なお、第一子のときに妊娠高血圧症候群になった妊婦さんが、第二子の妊娠時にも妊娠高血圧症候群になる確率は約50%。前回妊娠高血圧症候群でなかった人に比べると、約7倍ものリスクを負うことになります(※1)。出産を終えたあとも、定期的に検査をしましょう。

A

妊娠後に太ったせいでなることはありません。ただし、思いあたる症状があれば病院へ

※1　日本妊娠高血圧学会　http://jsshp.umin.jp/i_9-qa_use.html#Q6

Q8 妊娠糖尿病になったら、どうすべき？

妊娠糖尿病は、妊娠中に初めて発見される糖代謝異常のこと。妊婦さんの8人に1人（約12%）が該当すると考えられていて、じつは私もこれになりました。糖尿病といえば、「生活習慣病」や「ぜいたく病」といったイメージが強いようですが、妊娠高血圧症候群と同じで必ずしも食べすぎたり体重が増加しすぎたりするとなるほど単純なものではありません。私はもともとやせ型で、妊娠中の体重増加も少なすぎたくらいでした。

そもそも妊娠すると、胎児に優先的にブドウ糖を送るため、母体の胎盤からヒト胎盤性ラクトゲン（hPL）というホルモンが送り出されます。その結果、母体のほうの糖代謝が悪くなって血糖値が上昇し、普段から血糖値が高めの人は妊娠糖尿病と診断されることが多いのです。

妊娠糖尿病のリスク因子としては、家族に糖尿病の人がいる（遺伝）、太っている、35歳以上である、妊娠高血圧症候群であることなどが挙げられます。リスク因子がある場合には、早めに血糖検査をしておくべきです。妊娠初期の血液検査や健診時の尿検査、妊娠7か月24週～8か月28週のうちに行うグルコースチャレンジテスト（GCT）で引っかかって見つかることが多いのですが、どの病院でも必ず行うわけではないので確認してみてくださいね。

妊婦さんの血糖値が高い状態が続くと、赤ちゃんが大きくなりすぎたり、羊水が増えすぎたりして、早産や難産になりやすく、帝王切開のリスクも高くなります。また、お腹の赤ちゃんが低酸素の状態になることもあります。

ですから、妊娠糖尿病と診断されたら、定期的に検査を受けるとともに自分でも毎日血糖値を測定し、コントロールしましょう。そのためには、食事が重要なポイントとなります。基本的には、1日に必要な食事を6回に分けて食べる『分割食』が行われます。しかし、最も適した食事療法は個々に違うので、医師や管理栄養士に相談してください。場合によっては、インスリン注射が必要になることもあります。また適度な運動も有効ですが、身体の状態によってはしないほうがいい場合もあるので、これも相談してみてくださいね。

食事療法をする際に守ってもらいたいことがあります。それは、きちんと食べること。妊娠糖尿病と糖尿病の最大の違いは、お腹に赤ちゃんがいるか、いないかです。妊婦さんは赤ちゃんが飢えないように、必要なカロリーは摂取しなければなりません。私はインスリンを打っていましたが、1日約1900キロカロリーを摂取していました。必要なカロリーは以下の計算で出せます。コントロールすべきは、体重ではなく血糖値だということを忘れないでください。

【必要なカロリーの出し方】

（非妊娠時の標準体重（kg））×30＋（妊娠時の加量分350（kcal））

【非妊娠時の標準体重の出し方】

（身長^2（m））×22

妊娠糖尿病になっても、出産を終えると、ほとんどの人は一度正常に戻ります。ただ、出産から3〜6か月後の検査で糖尿病と診断された人は5・4％で、なんらかの耐糖能異常が発生した人は25％（※1）。妊娠糖尿病になった人は、ならなかった人と比べて、将来的に糖尿病になる確率が約7倍ともいわれています（※1）。出産後も、年に一度は血糖値の検査をしましょう。

なお、妊娠糖尿病になった人が、次に妊娠したときにも妊娠糖尿病になるという割合は40〜70％（※2）。赤ちゃんが大きかった、インスリンの投与が必要だった、太っている場合は、さらに確率が高くなります。

A 食事できちんと栄養をとりながら、血糖値をコントロールしましょう

※1　日本糖尿病・妊娠学会　http://www.dm-net.co.jp/jsdp/qa/e/q02/
※2　日本糖尿病・妊娠学会　http://www.dm-net.co.jp/jsdp/qa/e/q06/

【妊娠編】

3

病院のこと

Q1 どこで産むべきか迷っています

マタニティー雑誌などで、「①大学病院や周産期センター、②総合病院、③個人病院（単科病院）、④助産院、⑤自宅、あなたはどこで産む?」というような記事を見かけることがあります。でも、助産院と自宅で産む人は合わせても、全体のわずか1%ほど。99%は病院で産んでいます。合計1%の選択肢を5つのうちのふたつにするのは違和感があります。

また病院を選ぶといっても、産婦人科は少ないので、どこで産むべきか迷う余地があるのは都会だけの話。地方の場合は、「あの病院しかない」という場合のほうが多いでしょう。都会であっても、結局は自宅や実家から近い施設（1時間以内）ということになります。

それでも選ぶ余地さえあれば、どういう施設で産むのかということは大事なので、よく検討してみましょう。施設によって安全性や自由度、ホスピタリティなどに差があります。ただ、持病がある高リスクの妊婦さんは、大学病院や周産期センターを選んだほうがいいと思います。

助産院で産みたいのならば、私は院内助産院をおすすめします。そして、自宅出産はおすすめできません。これは、たとえ出産間際まで順調な経緯をたどっていても、お産では何があるかわからないからです。帝王切開術が必要になったり、大量出血したりと何かあった場合に、

A 選ぶ余地があるなら、最初に安全性を、次に施設の種類や特色をチェック！

病院や院内助産院に比べて母子の安全が脅かされることは間違いありません。

さらに、これも選ぶ余地があればですが、施設の特色もチェックしましょう。たとえば分娩姿勢を選べるか、無痛分娩はできるかなど、77ページにまとめたように違いがあるはずです。

それから、『ベビーフレンドリーホスピタル』なのかどうかも確認しましょう。これは、ユニセフとWHOが推奨する「母乳育児を成功させるための10か条」を実践している病院をいいます。最初から完全母乳育児を目指す人にはぴったりだし、適切な支援をしてくれるなら素晴らしいものです。ただし、これらの病院の中には母乳信仰のスパルタ病院もあるので、つらい思いをするケースもあります。私が出産したのは、母乳スパルタ病院でした。産後すぐに母乳が出なかったために頻回授乳と睡眠不足、疲労、赤ちゃんの体重減少が限界を超えたのに粉ミルクを足してもらえないことに悩まされました。母乳育児の確立のためにはスタートダッシュが大事なのですが、お母さんが本当につらいときは休ませてもらえる、赤ちゃんの体重減少が限界を超えた場合は粉ミルクや糖水を足してくれるところのほうがいいかもしれません。

施設の種類

【大学病院や周産期センター】最新の医療設備、万が一の救急体制が整っていて、スタッフも多いので安心。また複数の診療科があるので、持病のある妊婦さんも他科の医師と連携してもらいやすいというメリットがあります。NICU（新生児集中治療室）がある施設が多いという利点も。ただし、健診の待ち時間が長かったり、健診と出産時の担当医が違ったりすることもあります。

【総合病院】大学病院や周産期センターと同様に複数の診療科があるので、持病のある妊婦さんは連携をとってもらいやすくて安心です。ただ、近年は産婦人科や小児科のない病院が多くなっているので、早めに確認を。

【個人病院】初診から妊婦健診、分娩までを同じ医師が担当することが多く、信頼関係を築きやすいのがメリットと言えそうです。ただ、夜間の緊急帝王切開などのトラブル時にどう対応するのかを確認しておきましょう。

【助産院／自宅】健診にゆっくり時間をとってくれ、施設によっては自宅訪問してくれるケースもあるのでラクだといわれています。ただし、緊急時の対応や提携病院については確認しておくべきです。全出産の1％以下と少数派。

施設の特色例

分娩時の姿勢

【一般的な分娩】分娩台に乗り、仰向けで足を上げた姿勢で産む方法。

【座位分娩】座った姿勢に適した特殊なイスで産む方法。

【フリースタイル（アクティブバース）】横向き、四つん這いなど、妊婦さんがラクな姿勢で自由に産む方法。多くはベッド、たたみの上などで行います。

【水中分娩】体温程度の温水プールの中で出産する方法。

分娩時の呼吸法、イメージ法

【ラマーズ法】陣痛や出産は痛いという先入観をなくして、分娩の進行度に応じた「ヒッ、ヒッ、フー」などの呼吸で乗り切るという方法。

【ソフロロジー式】陣痛の痛みを前向きにとらえ、出産までにイメージトレーニングをする方法。ヨガのように息を吐き切る呼吸法を使います。

【イメジェリー】イメージトレーニングのようなもの。陣痛中にお花が開くのをイメージすることで乗り越えるという方法。

その他のキーワード

【無痛分娩（麻酔分娩）】脊髄の近くにチューブを入れる硬膜外麻酔をし、陣痛の痛みをなくす、もしくは和らげる分娩法（86ページ参照）。

【カンガルーケア】生まれたての赤ちゃんをお母さんの胸にぴったりとくっつけ、抱っこさせることの俗称。正式名称は『早期母子接触』で、医療スタッフの管理下で行います。

【立ち会い出産】妊婦さんの家族がお産に立ち会うこと。夫だけに限定している施設も。帝王切開術の場合、立ち会えない病院も多いようです。

【母子同室】新生児がお母さんと一緒の部屋で過ごすこと。産んですぐから母子同室の病院、希望すれば母子同室の病院、新生児室で預かる病院、希望によって夜間だけ新生児室で預かる病院など、さまざま。

【面会制限】面会時間の制限が厳しい病院、比較的自由な病院、小学生以下の子どものお見舞いが禁じられている病院などがあります。

Q2 妊婦健診では、どんなことをするの？

妊婦健診は、妊娠の経過を見守るための大切な健康診断です。妊娠3か月までに合計で約3回、4～6か月（12～23週）までは4週間に1回、7～9か月（24～35週）までは2週間に1回、10か月（36週～）からは週1回の健診を行うのが一般的。予定日を過ぎた40週以降は、週2回になることもあります。

まず、初診では母体の健康状態と、正常に妊娠しているかをみます。子宮の中に妊娠しているかどうかが最初のハードルです。具体的には、問診、身長と体重の測定、外診（一般所見、乳房、腹部）、内診と経腟超音波検査（エコー）、尿検査、血圧測定などをします。また、最終月経の開始日を妊娠1か月0週0日として（1週は0～6日）妊娠週数や出産予定日を算出します。ただ、排卵日はずれることがあるので、この時点では正確ではありません。

初診以降は、赤ちゃんを包んでいる袋のような『胎嚢《たいのう》』が育っているか、心拍が確認できるかどうかをみていきます。赤ちゃんが順調に育っているか、双子かどうかなども確認。さらに胎児のサイズに個人差のない3か月8〜11週のあいだに大きさを測定し、妊娠週数や出産予定日を修正します。また妊娠初期検査という血液検査で、主に貧血の有無、血液型（Rhマイナスかプラスか）、HIVや風疹、梅毒、B型・C型肝炎などの感染症の有無などを調べます。トキソプラズマやサイトメガロウイルスを調べてくれる施設も。

その後は、胎盤の位置、赤ちゃんの大きさなどをみていき、8か月（30週）、10か月（37週）頃にも、一般的な血液検査をします。そして出産予定日が近づくと、赤ちゃんの心拍をチェックするNST（ノン・ストレス・テスト）や内診を行うことも。

毎回の健診で必ず行うのは、問診、体重と血圧の測定、尿検査（尿タンパクと尿糖のチェック）でしょうか。腹囲測定をする場合もあります。5か月17週からは浮腫の有無を確認し、子宮底長を計るようになります。健診時に内診もエコーもしないと、「何をしに来たのか……」と思う妊婦さんもいるようですが、これらの観察こそが最も重要なこと。定期的に通ううちに思わぬ病気が見つかったり、自覚症状の出にくい妊娠高血圧症候群や妊娠糖尿病が見つかったりすることがあって、母と子の命を守るために役立っているのです。

確かに、エコー検査は楽しみだと思います。私も、エコーを見るのがとても楽しみでした。でも、本来エコーは赤ちゃんの顔を見るためのものではありません。赤ちゃんの発育や身体の構造に異常がないか、羊水や臍の緒、胎盤に異常がないかをチェックするためのもの。産院によっては、毎回の健診でエコーをサービスで行うところも多いのですが、医学的に意味があるのは妊娠初期、20週前後、30週前後。さらに、予定日が近くなると、羊水量や赤ちゃんの大きさを確認するために再度検査することが多いようです。また、気になる所見があれば頻度が増えます。

だいたいの病院では妊婦健診に行くと、医師の診察の前後に助産師とも話す機会をもうけることが多いでしょう。中にはグループで受ける『両親学級』や『母親学級』などを開いている病院もあります。医師は主に妊婦さんと赤ちゃんの健康状態をみますが、そのほかのことをきめ細かにフォローしていくのが助産師、看護師の役目です。

実際の入院や分娩のときの意思疎通がうまくいくように、安心して出産にのぞめるように、健診のときに医師や助産師、看護師とのあいだに信頼関係を育んでおくことも大切です。気になることがあれば、どちらにも遠慮なく聞いてみてくださいね。

A 毎回行うのは、問診、体重と血圧の測定、尿検査。必要に応じてエコーや血液検査などをします

＜妊婦健診の流れ＞

妊娠月数	妊娠初期			妊娠中期			妊娠後期			
	2か月	3か月	4か月	5か月	6か月	7か月	8か月	9か月	10か月	11か月
妊娠週数	4 5 6 7	8 9 10 11	12 13 14 15	16 17 18 19	20 21 22 23	24 25 26 27	28 29 30 31	32 33 34 35	36 37 38 39	40 41 42
健診の頻度	およそ3回の健診		4週間に1回			2週間に1回			1週間に1回	
診察内容	初診で行うこと…外診、内診、身長測定、経腟超音波検査									
	毎回行うこと…問診、体重と血圧の測定、尿検査 ※17週からは浮腫の有無の確認、子宮底長の計測									
経腟超音波検査（経腟エコー）	胎嚢の確認									
	心拍の確認									
腹部超音波検査（腹部エコー）				1回目	18〜23週頃		2回目 28〜32週頃		3回目 37〜40週頃	
血液検査	1回目 妊娠初期検査					グルコースチャレンジテスト	2回目 血液一般 30週頃		3回目 血液一般 37週頃	

※超音波検査に関しては、施設によって時期と回数が異なります。

Q3 出生前診断について教えて！

妊婦健診で行う超音波検査も出生前診断のうちですが、じっくりと時間がとれないことも多く、どの程度詳しくみているかは施設ごとに違います。また、受けられる出生前診断の種類や数も施設ごとに違います。妊婦健診に通っている病院で希望の検査を受けられない場合、担当医に別の施設を紹介してもらうか、もしくは自分で『胎児スクリーニング』や『胎児ドック』などをやっている施設を探して受診することになります。自分で探す場合も、できれば担当医には伝えてくださいね。主な検査は、以下の通りです。

・母体血清マーカー検査（トリプルマーカーテスト、クアトロマーカーテスト）

妊娠4か月15〜5か月18週頃に、母体の血液中の3つまたは4つのタンパク質を測定し、胎児がダウン症（21トリソミー）、18トリソミー、神経管閉鎖不全である確率を数字で出す検査です。年齢も計算に入っていますが、高齢妊娠だからといって高い確率が出るとは限りません。この検査は集団の中から精密検査が必要な人を効率よく見つけるための『スクリーニング検査』であって、確定診断のためのものではありません。なので、境界値の295分の1より確率が高い場合は、羊水検査か絨毛検査で確定診断を受けるかどうかを選ぶことになります。

母体血清マーカー検査の場合、陰性の人の赤ちゃんがダウン症である確率は安心していいほど低く、引っかかった人でも確率は1～2％ほど。結果を聞く際に「確率は低いがゼロではないので、確定診断を望むなら羊水検査が必要です」と補足されますが、たとえば1000分の1（0・1％）という数字を「ゼロじゃないから不安」と思ってしまうなら、確率でしかわからない検査は受けないほうがいいでしょう。20歳でもダウン症の子を持つ確率は0・1％ほどありますし、先天性の病気は多種類あります。確率が低い場合は、気にしすぎないようにしましょう。

・初期の胎児超音波スクリーニング（NT、鼻骨、三尖弁《さんせんべん》、静脈管など）

妊娠初期にNTなどのチェックポイントをみる超音波検査（エコー）のことで、通常の妊婦健診には含まれません。妊娠3か月11週～4か月13週、頭殿長（頭からお尻までの長さ）が45～84㎜の頃に、赤ちゃんの首の後ろを超音波で見ると、リンパ液が貯まっていて黒く透けています。このNT（Nuchal Translucency）と呼ばれる部分の厚さを測定し、ダウン症の確率を計算します。NTは手足にリンパ管ができていくにつれて薄くなるので、測定すべき時期よりも早くに厚くても、遅くに薄くても意味はありません。適切な時期に調べることが重要です。

ダウン症の確率は、比較的厚いとされる3㎜で約3～4％で、正常な赤ちゃんである確率が圧倒的に高いといえます。非常に厚いとされる6㎜でも約30％は正常。ただ、厚いと染色体異常だけでなく、心臓病をはじめとした病気の確率も上がるため、フォローが必要です（※1）。同時に、鼻骨が白く見えてきているかどうか、三尖弁という心臓の弁が逆流していないか、静脈管という赤ちゃんにしかない血管の波形などを測ると、より精度の高い検査になります。

これらの初期スクリーニングは測り手の技術によって誤差が大きいため、できればイギリスのFMF（Fetal Medicine Foundation）のライセンスを持った医師（もしくは超音波技師、助産師）のいる施設で受けることをおすすめします。あまり技術や知識のない医師のもとで検査を受けると、かえってトラブルになる例も多いためです。ダウン症、18トリソミー、13トリソミーの確率がそれぞれ数字で得られますが、確率が高かった場合は羊水検査もしくは絨毛検査での確定診断を受けるかどうかを選ぶことになります。

・NIPT（無侵襲的《むしんしゅうてき》出生前遺伝学的検査）

正式には『Non-Invasive Prenatal Genetic Testing』といって、一般的に新型出生前診断と呼ばれているものです。妊娠3か月10週前後に、母体の血液中にわずかに含まれる胎児のDNAを検査することで、ダウン症と18トリソミー、13トリソミーの赤ちゃんである確率が高いかどうかを調べることができます。妊娠初期での検査が可能なこと、母体の血液だけで検査できること、ダウン症の検出率が高いことにおいて優れていますが、陽性だった場合でも本当に染色体異常である確率はそれほど高くないこと、今のところ検査費用が高いこと、また染色体異常以外の病気がわからないのが欠点です。

この検査もスクリーニング検査なので、確率が高い場合には、羊水検査や絨毛検査で確定診断を受けるかどうかを決める必要があります。

・羊水検査・絨毛《じゅうもう》検査

妊娠4か月15週〜5か月17週頃、腹部に注射器を刺して羊水を採取して調べるのが『羊水検査』、妊娠3か月9〜11週頃に胎盤を採取して調べるのが『絨毛検査』。羊水検査のほうが正確だと考えられます。どちらも約0・3〜0・5%とまれに、流産や早産のリスクがあります。

この検査をすれば、胎児の異常がすべてわかると誤解をしている人もいますが、わかるのは染色体異常だけです。また近年は、高齢出産のリスクとしてダウン症ばかりが強調されていますが、35歳で約0・5%、40歳でも約1・3%と低確率です(※1)。さらに染色体は正常だけど、ほかの先天性の病気があるというケースもあるので、その点を理解しておいてくださいね。

A

それぞれの検査の意味を理解したうえで受けるようにしましょう

※1　Kypros H.Nicolaides, The 11-13^{+6} weeks scan,Fetal Medicine Foundation, London 2004

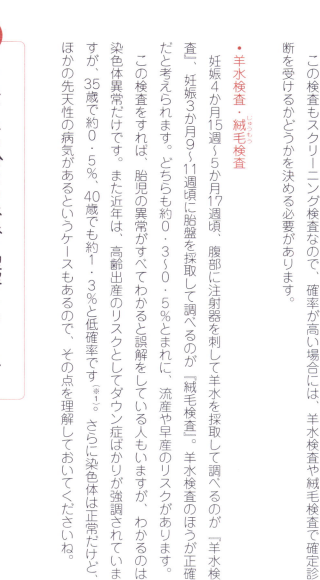

Q4 無痛分娩は、赤ちゃんによくない？

『無痛分娩』とは、産婦さんの背中から管を入れて神経に近いところへ薬を届ける『硬膜外麻酔《こうまくがいますい》』で痛みを抑えながら行う出産方法です。麻酔分娩や和痛分娩も、みんな同じもの。完全に痛みがなくなることはまれで、10の痛みが2～3に減るとイメージしてください。

出産の場合、痛みは感じにくくしつつ、体は動かせるようにするという微妙なさじ加減が必要になるので技術がいります。麻酔が入ったあとは、産婦さんも赤ちゃんも血圧や脈拍などをモニタリングするなどして念入りに管理しなければならないので、人手が十分にある病院でしかできません。ですから、無痛分娩を行っている病院がない地域もあるでしょう。

また、本来ならば自然に陣痛がきてから麻酔をするのが理想的ですが、無痛分娩に24時間いつでも対応できる病院は少なく、あらかじめ日にちを決めて日中に麻酔と陣痛誘発をする『管理分娩』を行う施設が多いようです。すると、まだ子宮口が十分に熟していないケースもあり、お産がなかなか進まず、結局は帝王切開術での出産になることもあります。陣痛がのってこなければ、すぐに帝王切開術にする産院もあるので、詳しい説明を聞いておくことが肝心です。

赤ちゃんの負担としては、母体の血圧が下がるために、胎盤にうまく血液が流れなくなり、呼吸が苦しくなることがあります。また、陣痛が弱くなる『微弱陣痛』によって、出産が長引く『遷延分娩』になることとも。血圧低下のリスクは28～31％、遷延分娩については分娩が平均約1時間のび、鉗子分娩や吸引分娩も増えますが、帝王切開率は変わりません(※1)。

ちなみに、私は初産では陣痛を経験したかったことと、遷延分娩を避けたかったので、無痛分娩を選びませんでした。が、安産だったので、もしも次に産むことがあれば無痛分娩をしてみたいと思っています。なぜなら、無痛分娩にはメリットもあるからです。痛みに弱い人、産後の回復を早めたい人にとっては有用です。そして陣痛を経験した私個人の感想としては、あの痛み自体に意味があるとは思えません。「痛みを感じることで母性が強くなる」と言う人がいますが、それは根拠のない価値観の押し付けです。国によっては半数以上が無痛分娩のところもあるので、日本でも自由に選べるよう普及したほうがいいのではないでしょうか。

何を優先するかを考えたうえで、出産する施設での無痛分娩のやり方、それによるベネフィットとリスクをきちんと確認してから選んでくださいね。

A

赤ちゃんの負担がないとは言えませんが、メリットもあるので比較・検討を

※1　23rd Edition Williams Obstetrics

Q5 病院を急いで受診すべきときって？

病院を受診する目安は一概には言えませんが、不安に思うようなことがあれば、妊婦健診の日を待たずに受診してください。いちばんよくないのは、インターネットで質問を投稿したり、質問サイトを検索したりすること。専門家でない人が適当なことを書いていることも多いので、うのみにしてしまうと危険です。

特に少量でも出血があったり、強い下腹部痛があったりするときは、流産や早産、胎盤が剥がれてしまう『常位胎盤早期剥離』などの可能性があるので、なるべく急いで受診しましょう。破水の疑いがある場合も、そのままにしておくと赤ちゃんが細菌感染してしまうことがあるので、やはり早めに病院へ。

また、胎動が少ないと不安になる人も多いようです。何かをしていて、ふと気づくと動いていなかったように思うことがありますが、ほとんどは自分が動きまわっていて赤ちゃんの動きに気づいていないだけ。1時間くらいじっとしてお腹に手をあてて意識を向けていると、動きを感じると思います。もしも感じない場合は、赤ちゃんが弱っている危険性がありますから受診しましょう。「出産が近づくと、骨盤の中に赤ちゃんが入るから動かなくなる」という迷信

A 胎動を感じられないとき、何か不安な症状があるときは迷わず受診しましょう

がまことしやかに広まっているようですが、まったく動かないということはありません。

そして、頭痛がひどいときや目がチカチカするときは、血圧が上がっていることがあるので受診してください。そのほか風邪などで高熱が出たときも、赤ちゃんに影響する場合があるので、近くの内科かかかりつけの産婦人科へ。

これら以外にも、前駆陣痛《ぜんくじんつう》（92ページ参照）なのか陣痛なのかがわからなかったり、陣痛の間隔をつかめずに判断に迷ったりすることもあると思います。たまに気づいたら5分間隔の陣痛がきていたということもあるので、そういうときは急ぐべきです。大量の出血があったり、急激にお産が始まったりして動けないときは、迷わず救急車を呼んでください。

まとめると、不安な症状があったら、病院へ連絡しましょう。ただし、よくあることですが、「大丈夫です」と言ってもらいたいから電話をかけるという姿勢はNGです。ほとんどのことは直接診察してみないとわかりません。医師や助産師、看護師から受診をすすめられた場合は、ご自身と赤ちゃんの安全を守るために、母子手帳を持ってすみやかに受診してくださいね。

Column 3

出生前診断の是非について

出生前診断については、さまざまな意見があります。

そもそも赤ちゃんが奇形を持って生まれる確率は、大小合わせて3〜5%。診断するメリットとしては、出生後すぐに診断や治療を行いやすいこと、ご両親の心の準備の助けになることが挙げられると思います。

一方でデメリットもあります。命にかかわるほどではない小さな異常が見つかったりした場合、どう受けとめたらいいのか悩んでしまうこともあるかもしれません。

そして出生前診断が命の選別につながるのも、また事実です。日本では母体保護法という法律で、胎児の病気を理由とした人工妊娠中絶は禁止されています。でも、実際には「病気の赤ちゃんを育てることで母体の健康が損なわれるため」などという理由で行われています。赤ちゃんの人権はいつからできるのか、親であれば命を選別していいのか、逆に妊娠したらどんな場合も産み育てるべきなのか、障害を持って生まれた子どもの苦痛はどう考えるべきなのか——。答えのない難しい問題をはらんでいます。

私は、赤ちゃんに病気や障害があった場合にどんな生活になるのかをご両親でよくシミュレーションし、産み育てるかどうかをよく話し合ったうえで検査を受けてほしいと思います。中には検査をしてから、パートナーとの考え方の違いに気づく人もいるからです。

それにしても、限られた時間の中で適正な判断を下すのは難しいことだと思います。必要に応じて、新生児科医や小児科医、遺伝子カウンセラーや臨床遺伝専門医、病気の子どもを持つ方々の団体などに話を聞いたり、相談をしたりするのもいいのではないでしょうか。

【出産編】

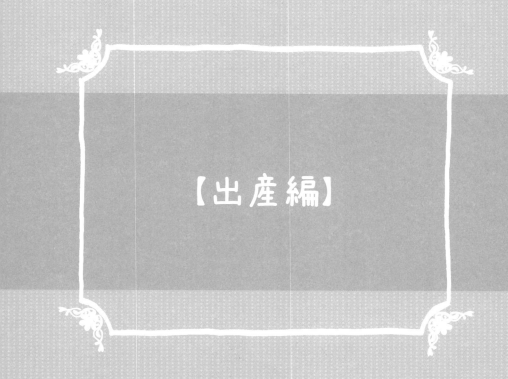

Q1 出産の兆候ってどんなもの？

妊娠10か月の37～41週を『正産期《せいさんき》』といい、37週を過ぎると、もういつ生まれてもおかしくありません。出産の兆候が現れることもありますが、人によってさまざまです。

分娩開始の約1週間前から前日頃になると、子宮が収縮することで軽い陣痛のような痛みが起こる『前駆陣痛』が現れることがあります。分娩につながる陣痛とは違って間隔や持続時間が不規則で、多くは陣痛へとつながらずにいったんおさまります。

また、『児頭下降《じとうかこう》』といって赤ちゃんが子宮の下のほうへと移動して母体の骨盤腔内に入り、同時に子宮底の位置も下降します。すると、子宮下部が開いてきて、赤ちゃんを包んでいる卵膜が子宮から剥がれ、少量の出血をみることがあります。これが『おしるし』です。

人によっては、児頭下降によって、胃が圧迫されなくなるため、食事がたくさん食べられるようになることもあります。同時に下腹部が圧迫されるため、より頻尿になったり、恥骨が痛くなったりすることもあるでしょう。これらも出産の兆候のひとつです。

自分ではわからない変化としては、出産に備えて、膣と子宮のあいだをつなぐ子宮頸管《けいかん》が柔らかく短くなってきます。これを『子宮頸管の熟化』といいます。臨月の内診で、「頸管は長いね」「まだ固いね」などと言われたりすることもあると思います。

ちなみに予定日が近づいたり、予定日を過ぎたりしても兆候がないと、「早く産みたい」という焦る気持ちが出てきて、さまざまなことを試みる人も多いようです。たとえば、「オロナミンCを飲む」「焼肉を食べる」と産気づくなどというウワサがありますが、当然これは単なるジンクス。そのほか、重力によって赤ちゃんが下がりやすくなるからスクワットや階段昇降がいいとか、『お迎え棒』といって臨月にセックスをするといいというのもよく聞きますよね。どれもしてはいけないことではありませんし、少しは刺激になるのかもしれませんが、効果のほどはわからないので無理のない程度にしましょう。

その後、赤ちゃんを押し出すために子宮が収縮する『陣痛』が始まることもあれば、卵膜が破れて羊水が流れ出る『破水』が始まることもあり、このふたつが同時に起こることもあります。破水をした場合は、病院に連絡しましょう。状況によっては、すぐに入院するよう指示されることもあります。

A 前駆陣痛や児頭下降、おしるし、破水など、さまざまな兆候があります

基本的には、陣痛らしきものがきたら何分おきに、どのくらい続くかをチェックしてください。スマートフォンを持っている人は、陣痛間隔を管理するアプリケーションなどを活用してもいいでしょう。分娩につながる陣痛は、前駆陣痛と違って規則的にやってきます。典型例だと、最初は約30分おきくらいなのが、しばらくすると間隔が短くなり、次第に痛みも強くなっていくはずです。

特に初産の場合、陣痛の痛みが怖いという人が多いと思います。確かに痛いのですが、陣痛の合間は痛みが遠のくので、ずっと痛いというわけではありません。余裕があるうちに、食事をとったり、お風呂に入っておいたりしてもいいでしょう。ただし、破水している場合は感染の危険があるので、お風呂には入らないようにしてください。

病院までの距離によって多少の違いはありますが、通常は陣痛が10分〜15分間隔になったら、夜中であっても病院に連絡をしてみましょう。経産婦の場合は、お産の進みが早いことがあるので注意してください。

Q2 出産の流れを知りたい！

医学的には、1時間に6回以上（10分間隔）の陣痛があるとき、分娩が開始したとみなします。ここから、初産婦で12～15時間、経産婦ではその約半分くらいの時間をかけて出産することになります。もちろん出産にかかる時間は個人差が大きいので、あくまでも目安です。

分娩は、分娩第1期（陣痛が10分間隔になったときから子宮口全開まで）、第2期（子宮口全開大から胎児の娩出まで）、第3期（胎盤の娩出）の3つに区分されています。

・分娩第1期

出産までの経過にも個人差がありますが、一般的には分娩第1期が最も長くなります。子宮の収縮によって、子宮頸管が柔らかく短くなり子宮口が開いていく段階です。赤ちゃんはあごを引いてクルッと回りながらお母さんの骨盤入口に頭を入れ（第1回旋《かいせん》）、続いて回転してお母さんの背骨側を向きます（第2回旋）。第1期の所要時間は、初産婦で平均約10時間、経産婦で平均約5時間です（※1）。なお、子宮口が3～5㎝開いて陣痛がのり始めるまでに、初産婦で20時間、経産婦で14時間以上かかると、遷延分娩のリスクが高まります。

・分娩第2期

子宮口が全開大の10㎝になると、分娩第2期に入ります。通常、この第2期で破水が起こり、そうすると陣痛がより強くなります。このときにいきむと、赤ちゃんが回りながら頭を出し始めます（第3回旋）。頭の最大径のところが出たら、通常は助産師から「いきまないように」との指示があります。赤ちゃんが飛び出してきたり、会陰に無理な力がかかったりしないようにしながら、赤ちゃんが出てくるのを助産師が手助けします。会陰が裂けそうな場合は、切開することも。さらに赤ちゃんがクルッと回って、身体や手足も出ます（第4回旋）。第2期の所要時間は、初産婦で平均約2時間、経産婦で平均約1時間くらいです（※1）。

・分娩第3期

こうして赤ちゃんと対面したら、分娩第3期がスタート。赤ちゃんに酸素や栄養を送っていた胎盤が役目を終えて出てきます。この際にも痛みを感じることがありますが、陣痛と比べたら軽いでしょう。また、会陰の傷の縫合が必要であれば行います。これで出産は完了です！

産後すぐは、赤ちゃんもお母さんも不安定な状態。お母さんの子宮は急激に収縮し、出産によって出血もしているため、分娩後の約2時間は注意深く観察する必要があります。出血量が減り、子宮の収縮に問題がないことを確認してから、病室へ戻されることが多いでしょう。

※1 『病気がみえる〈vol・10〉産科』メディックメディア

【出産の流れ】

分娩第1期

第1回旋

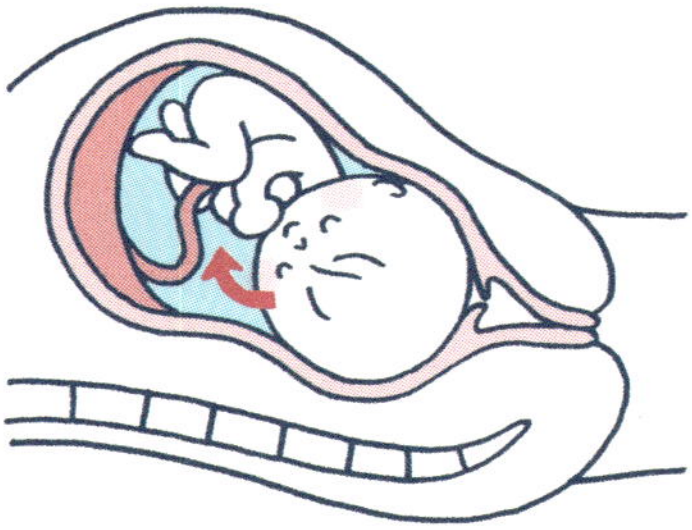

赤ちゃんがあごを引きつけて回転し、お母さんの骨盤の中に入ります。

第2回旋

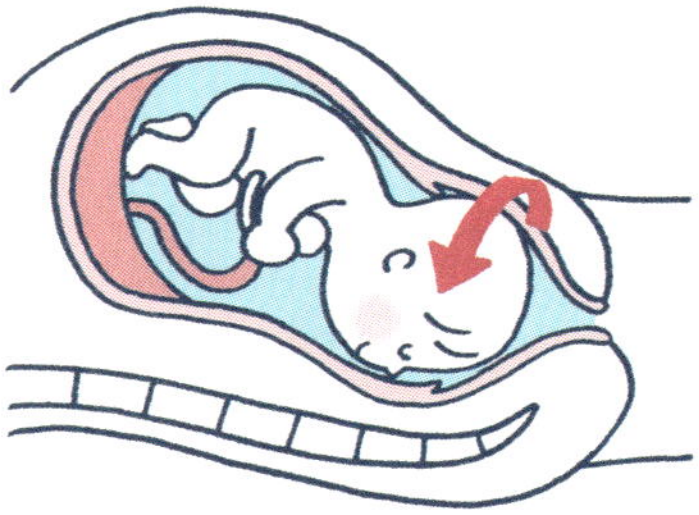

2回転目で、赤ちゃんはお母さんの背骨のほうを向きます。

分娩第2期

第3回旋・第4回旋

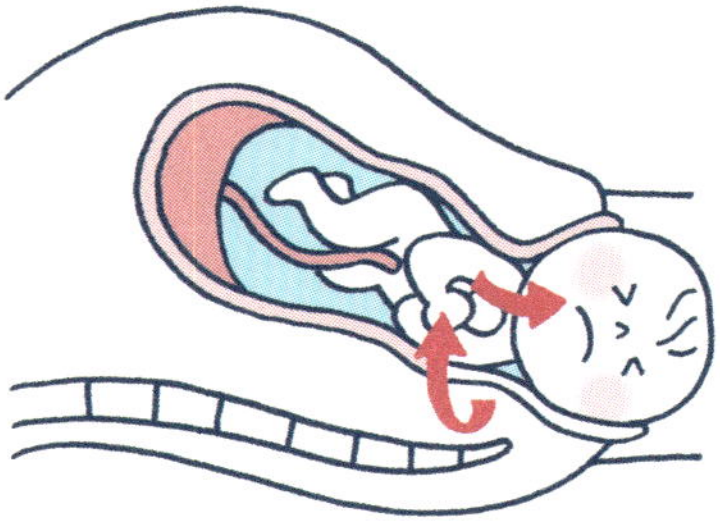

3回転目で胎外へ頭を、4回転目で身体や手足を出して生まれます。

分娩第3期

胎盤の娩出

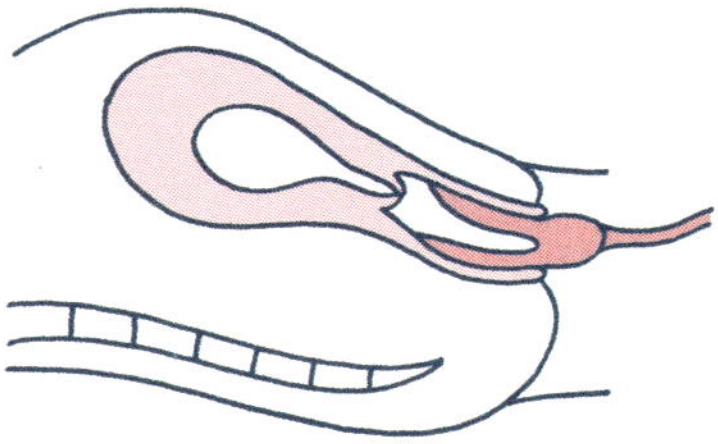

役目を終えた胎盤を取り出せば、出産は終了です。

Q3 安産のためにできることってある？

安産についての医学的な定義はありませんが、短い時間でスルッと生まれることを指すことが多いですよね。先にもふれたように初産で12〜15時間、経産婦ではその約半分が目安ですから、それより早くスムーズに出産した場合を安産と言ってもいいかもしれません。反対に、初産婦で30時間以上、経産婦で15時間以上かかると遷延分娩（難産）とされています。

安産になるかどうかは、基本的に分娩の三要素がうまく機能するかどうかにかかっています。分娩の三要素とは、『産道』『赤ちゃん』『娩出力』のこと。

- 産道……妊婦さんの骨盤の形や肉付きなどが影響します。
- 赤ちゃん……赤ちゃんの体型や大きさ、頭の形と身体の向きを変えながら胎外へ出てくるときの回旋の向き。
- 娩出力……妊婦さんの陣痛の強さやいきむ力と方向。

それ以外に、お産がスムーズにいくかどうかの命運を握っているのが助産師です。何かトラブルが起こった場合の医療処置は産婦人科医が行いますが、最後まで順調なお産の場合、赤ちゃんがスムーズに生まれるよう誘導するのは主に助産師。医師の技量に違いがあるように、助産師の技量にも差があります。個人の努力やセンスだけでなく、症例数の多い施設でさまざまなお産を経験しているかどうかでも助産技術には差がつくはずです。

赤ちゃんの下がり方、子宮口の開きの進み具合、陣痛の強さなどを確認しながら、いきませるタイミングや姿勢、医師を呼ぶかどうかなどを的確に判断していく助産技術は奥の深いものです。会陰の伸び方も、いきませるタイミングや姿勢によって大きく違ってきます。さらには必死になっている産婦さんに呼吸の仕方、タイミングなどをわかりやすく伝えるコミュニケーション能力が高ければ、お産はよりスムーズになるでしょう。

また、産む側にもコツのようなものがあります。中には、助産師の指示通りに呼吸やいきみをコントロールできる人もいれば、できない人もいます。しかし、これは事前に練習しても、実際にやってみないとわからないことです。妊婦さん側ができることとしては、意思疎通がしやすいよう助産師とのあいだに信頼関係を築いておくこと、陣痛がきたら赤ちゃんが生まれるまで自分がラクだと思う姿勢をとること、それを介助してもらうことでしょう。

ちまたには、安産のためのさまざまな情報があふれかえっています。「体重は増やさないほどよい」と言う助産師も多数いるようですが、実際のところ、やせていれば安産になるというわけではありません。足を冷やすと陣痛が弱くなるというのも迷信で、温めれば陣痛が強くなって安産になるということもないです。

また、「毎日オイルをつけて会陰マッサージをすると、会陰が伸びやすくなり、切開しないですむ」という指導をする人もいますが、切開しないですむということではなく痛みが少ないかもしれない程度の根拠しかないようです。さらに「股関節を柔軟にしておくといい」というのもよく聞きます。確かにそれに越したことはないのですが、これも直接的に安産につながるとは言えません。

安産のため、自分と赤ちゃんのために何か努力をしたいという気持ちはわかりますが、正直なところ「何をしたから安産になる」ということはありません。やはり、出産をコントロールすることなどできないのです。

ですから、たとえ微弱陣痛になっても、遷延分娩になっても、「努力が足りなかった」などと自分を責めたりはしないでくださいね。もちろん、まわりの人に「○○をしなかったからだ」などと言われてもスルーしちゃいましょう。

A

安産になる方法というのはありませんから、もしもそうでなくても自分を責めないで

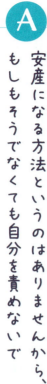

Q4 できるだけ自然に産みたいのですが

多くの妊婦さんが、赤ちゃんを自然に産みたいと、「自然出産」や「自然分娩」を望みます。でも、そもそも自然な出産ってなんでしょうか？　一般的に余計なことは何もしないという主義のもと、「帝王切開をしないで膣から産む」「麻酔を使わずに陣痛をフルに味わう」「分娩台ではなくタタミの上で産む」ことなどを示しているようですが、特に共通の定義はありません。

中には、「女性には本来、産む力が備わっているから、医療の介入は邪魔」などと言う人がいます。確かに約9割は医療介入を必要とせず、自然に産む力を持っています。しかし、動物でも人間でも太古の昔から自力で産めないケースや死産、母体死亡は存在します。

出産によって亡くなる妊産婦は、明治時代には250人のうち1人でしたが、現代ではその100分の1です。昔に比べれば出産は安全と言えますが、その理由は衛生状態や栄養状態の向上、医療の進歩、医療体制の整備にあります。今も昔も出産は「命がけ」ですが、自然に任せていた昔のほうがより命がけだったことがわかります。

また、病院での出産は人工的なものだと誤解している人もいるようですが、実際には多くの産婦人科医は医療介入を必要最小限に抑えるべきだと考えています。私も自然経過に任せた出産が望ましいと思います。それでも医師は、母子の安全を守るために医療介入をする場合があります。主な医療介入については、以下の通りです。

・器械的な分娩誘発

子宮口の開きが不十分な場合、器械的な誘発を行うことがあります。ひとつは、水を吸うと膨らむ棒状の『ラミナリア』を数本挿入する方法。もうひとつが、手で子宮の壁から卵膜を剥がして刺激する『卵膜剥離』。さらに風船のような『メトロイリンテル』を挿入して滅菌水で膨らませる方法もあります。いずれも陣痛促進剤を使う前段階で、必要に応じて行います。

・陣痛促進剤

破水して1～2日経ってても陣痛がこないとき、予定日を1～2週間ほど過ぎているとき、陣痛が弱いとき、出産の進みが悪いときなどに使われる、陣痛を進める薬です。怖い薬だという誤解があるようですが、適正に使えばこれほど出産に役立つ薬はありません。愛情をつかさどるホルモンでもあるオキシトシンと、生理活性物質のプロスタグランジンの2種類があり、どちらも体内にある成分を人工的に作り出したもの。現在主流であるオキシトシンは点滴で、陣痛の強さを調整しやすいというメリットがあります。出産前は妊婦さんの事前承諾がなければ使いませんが、出産後は出血量を減らすためにルーチンで投与することがあります。

A
多くの医師は自然経過に任せますが、安全のためには医療介入が必要なことも

・会陰切開、縫合

医療側も切らないほうが縫う手間がかからずラクですが、必要な場合は膣口と肛門のあいだの会陰部を2〜3㎝ほど切って赤ちゃんを取り出し、分娩後に縫合します。必要な場合とは、赤ちゃんを急いで出さないといけない場合、会陰がズタズタに裂けてしまいそうな場合、傷が肛門に達してしまいそうで裂ける方向をコントロールする必要がある場合などです。

・鉗子《かんし》分娩／吸引分娩

鉗子や吸引カップを使って、赤ちゃんを取り出す方法。鉗子の場合は赤ちゃんの頭をはさみ、吸引カップの場合は赤ちゃんの頭に吸着させて引っ張ります。子宮口が全開大になった分娩第2期の途中で停止もしくは進みが遅いとき、早急に赤ちゃんを出す必要がある場合に行います。

このほか、帝王切開術をするケースもあるので、次の項目で詳しく説明します。

Q5 どんな場合に帝王切開になるの？

施設や医師の方針、妊産婦さんの希望によっても異なりますが、一般的に胎盤が子宮口をふさぐ『前置胎盤』、赤ちゃんが頭を下にしていない『逆子』や『横位』、産道をふさぐような大きな子宮筋腫があったり、前の出産が帝王切開だったり、多胎妊娠だったりした場合で、経腟分娩では危険だと医師が判断した場合、前もって日にちを決めて（通常は37週以降で陣痛がくる前）、帝王切開術をすることがあります。これを『予定帝王切開』、または『選択的帝王切開』といいます。

そのほか、いったん経腟分娩にトライしていても、赤ちゃんの回旋異常や産婦さんの子宮口が開かないなどのさまざまな理由で分娩が遷延・停止した場合、胎盤が急に剥がれて危険な状態になる『常位胎盤早期剥離』が起こった場合、なんらかの理由で産婦さんや赤ちゃんの命が危険な場合などは、緊急で帝王切開術を行うことになります。これが『緊急帝王切開』と呼ばれるものです。

一分一秒を争うような緊急性の高いケースでは、全身麻酔で手術をするので意識がなくなります。でも、多くは下半身だけの部分麻酔で行われるので、赤ちゃんの産声を聞けるのはもちろん、子宮が引っ張られたりする感覚がわかることもあります。手術の所要時間は、個人差がありますが、およそ1時間以内。お腹と子宮を切って、赤ちゃんを取り出し、さらに胎盤を出して、縫合すれば終了です。

「帝王切開はラクなお産」という偏見が未だにあるようですが、産後は明らかに帝王切開術のほうが大変で、最低1週間ほどは入院しなくてはなりません。また出血量も多く、血栓症や感染症にかかるリスクも経腟分娩に比べると高くなります。赤ちゃんのほうも、経腟分娩なら産道を通るあいだに肺の水分が抜けて、呼吸をするための準備をゆっくりと行えるためラクなのです。ですから、「大切な赤ちゃんなので、最初から帝王切開にしてください」とか「もう陣痛がつらいから、切って出してください」と産婦さんのほうから言われても、医師は「では、そうしましょうか」と簡単に引き受けることはできません。それはリスクをわかっているプロのすることではないからです。

ちなみに帝王切開術をすると、次の出産でも帝王切開術にする病院が多いもの。これは子宮筋を切って縫っているため、次の妊娠で強い陣痛がきたときに子宮が破裂する恐れがあり、母体と赤ちゃんの両方に死のリスクが生じるからです。子宮が破裂する確率は、子宮の筋層を縦に切っていると8％、横に切っていると1％ほど。縦に切った場合は、次のお産も100％帝王切開術となります。そのため、通常は横に切るようにしているのです（外側のお腹は、縦に切ることもあります）。

横に切った人の場合は、次のお産のときに緊急時に対応できる態勢の病院を選べば、『VBAC(Vaginal Birth After Cesarean Section)』という経膣分娩にトライすることもできます。ただし、これは帝王切開術を1回しかしていない妊婦さんだけ。2回以上の帝王切開術をした妊婦さんは子宮破裂の危険性が高いため、VBACは禁止されています。万が一、「うちではやりますよ」という病院があっても、危険なのでやめてください。

VBACで出産する場合は、赤ちゃんの心拍モニターを十分に観察し、異常があったらすぐに帝王切開術をして助けられるよう、365日24時間、産婦人科医2名と麻酔科医、新生児科医が必要となります。現在の日本の医療状況では、残念ながら、このような条件を満たす病院は多くはないのが実情です。

また一度、帝王切開術の適応になった人は、また経膣分娩ができない状態になる確率が高いものです。前のお産で帝王切開術になった理由が、逆子や横位、赤ちゃんの具合が悪くなったなどの偶然の要因であれば8割くらいが成功しますが、途中で分娩が停止したなどの場合は成功率が低くなります。もともと十分な陣痛がきにくい体質であったり、骨盤や産道の条件が悪かったりする場合が多いからです。逆に経膣分娩の経験がある場合は、成功率が高くなります。

なお、「帝王切開は3回まで」というのは都市伝説で、4回でも5回でも出産できます。ただし、同じところを切って縫うので、子宮の筋肉は薄くなるし、お腹の中の癒着は激しくなるし、いろいろと条件の悪い出産になることは否めません。

A

経膣分娩では母子の安全確保が難しいと医師が判断した場合に行われます

厚生労働省の2011年の統計によると、日本では約19・2％の妊婦さんが、最終的に帝王切開術で赤ちゃんを産んでいます。20年前と比べると約2倍に増えており、帝王切開術は今や珍しい出産方法ではありません。

自然分娩にこだわるあまり、経膣分娩を推奨する助産院や病院ばかりを探す妊婦さんもいます。でも、出産において最も大切なことは、赤ちゃんとお母さんの安全を確保することではないでしょうか。帝王切開術も、立派なお産です。それをバカにしたり、一方的に「かわいそう」などと評価したりする人のことは心の中で軽蔑してしまうとして、無事に赤ちゃんを産み出すことを第一に考えましょう。

Column 4

「よいお産」ってどんなもの？

最近は「自分らしいお産」なんて言葉があるほど、自分らしさにこだわる人が多いようです。妊婦さんの中には、「絶対に自然分娩したい」「会陰は切りたくない」「水中で産みたい」など、強いこだわりを持つ人もいます。

もちろん、命を危険にさらすほどでなければ、出産においても希望やこだわりを持つこと自体は少しも悪いことではありません。私も、医師として最も大切にするのは母子の安全ですが、次は妊婦さんやご家族の満足が重要だと思っています。

でも、実際の出産は思うようにはいかないもの。結婚式の演出などの自己表現とは違って、誰しもコントロールできません。出産直前まで順調だったのに分娩が停止して、帝王切開術になってしまう例もあります。出産に対して極端に強いこだわりを持ったせいで満足のハードルが上がってしまい、「こんなはずじゃなかった」「よくない、満足できないお産だった」などと落ち込んでしまうのは、とても残念なことです。

どんな出産方法だったとしても、「自分で産んで自分で育てる」という気構えさえあれば、よいお産ではないでしょうか。また、本人が「よいお産だった」と思えば、他人がどのように評価をしたとしても、よいお産で間違いありません。

赤ちゃんを産んだお母さんたちは、みんな子どもを育てていかなくてはなりません。だから、できるだけ自分の出産を肯定してもらいたいと思います。

【産後編】

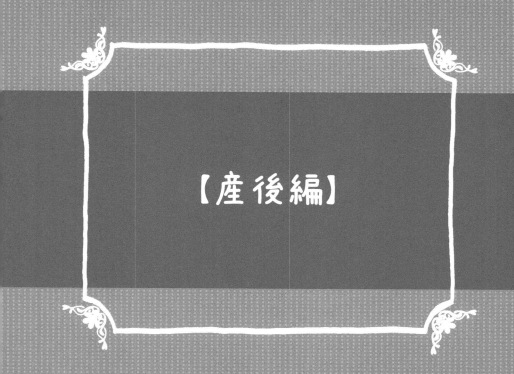

Q1 産後1か月は休むべき？

やはり産後1か月は、なるべく安静に横になって過ごしたほうがいいです。その理由には、じつは骨盤や骨盤底筋群が大きくかかわっています。

もともと女性の骨盤は、腸や子宮、膀胱《ぼうこう》、卵巣などの内臓を取り囲むような形になっています。腰の左右に出っ張っている『腸骨《ちょうこつ》』、背骨の下のほうにある『仙《せん》骨《こつ》』、座ると座面に触れる『坐骨《ざこつ》』、尿道や膣口の前方にある『恥骨《ちこつ》』の4つを合わせた全体が骨盤です。そして、骨盤の下部には筋肉のガードルと呼ばれる『骨《こつ》盤底筋群《ばんていきんぐん》』があり、子宮などの臓器を支えるだけでなく排尿や排便、膣の機能をコントロールするなどの重要な役割を果たしています。

妊娠中は、骨盤が左右にやや開き、大きくなった子宮や胎児、胎盤、羊水、その周辺の筋肉や脂肪、大量の血液を包み込んで保護しています。このとき、骨盤底筋群は内臓や赤ちゃんが

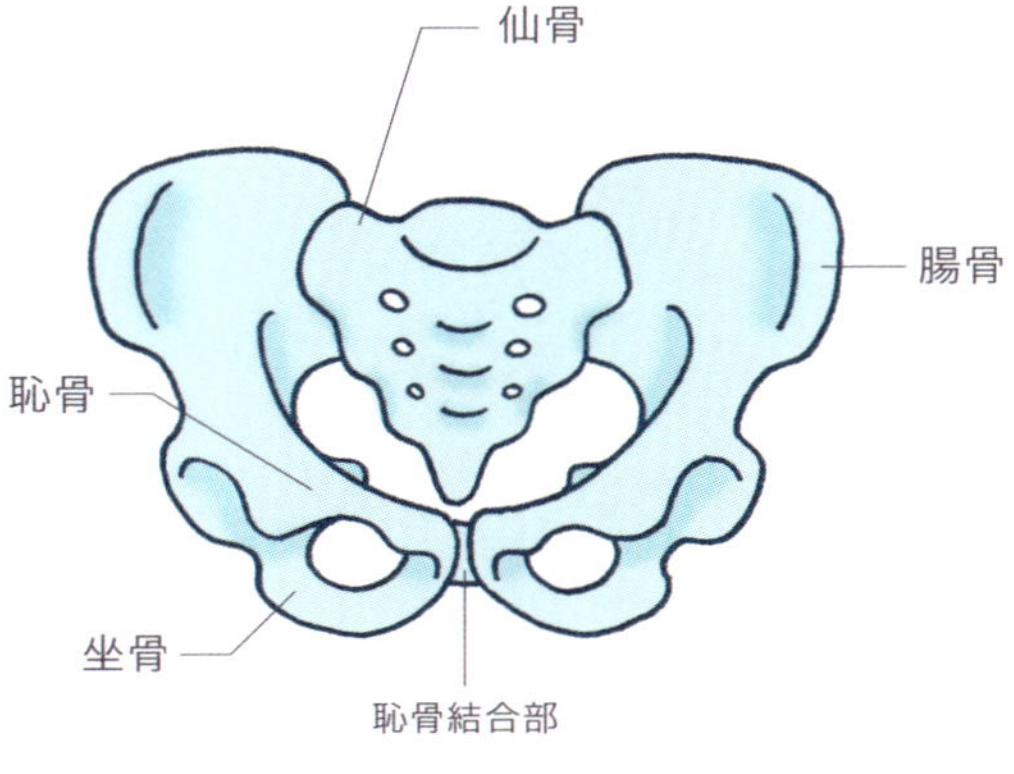

下に落ちてしまわないよう、普段とは比べ物にならないほどの重みに耐え続けているのです。さらに、その後の分娩では赤ちゃんが子宮から出てくるわけですから、骨盤は大きく開き、骨盤底筋群は傷ついて伸びてしまうことに。

産後は、すぐに子宮が収縮を始め、授乳をすればさらに収縮が進み、静かに寝ていることで骨盤は少しずつ閉じて、骨盤底筋群も元に戻っていきます。なるべく横になっていたほうがいいのは、出産で傷ついた骨盤や骨盤底筋群に重力による垂直方向への負荷をかけないためなのです。たとえ誰かに「私は産後もすぐに働いた」などと言われても、母親は子どものために無理をすべきという風潮があっても、1か月間はできるだけ身体を休ませてください。回復しないまま無理をすると、尿漏れなどのトラブルが起こりやすくなります。ただし、「産後に無理をすると、更年期障害がひどくなる」という俗説もあるようですが、これにはまったく根拠がありません。

現代の日本では、多くの人が忙しいこともあって、産後のケアはおそろかになりがちです。近年、ある女優さんが韓国の『産後院』を利用したことで、産後の養生が話題になりました。それ自体はいいことですが、

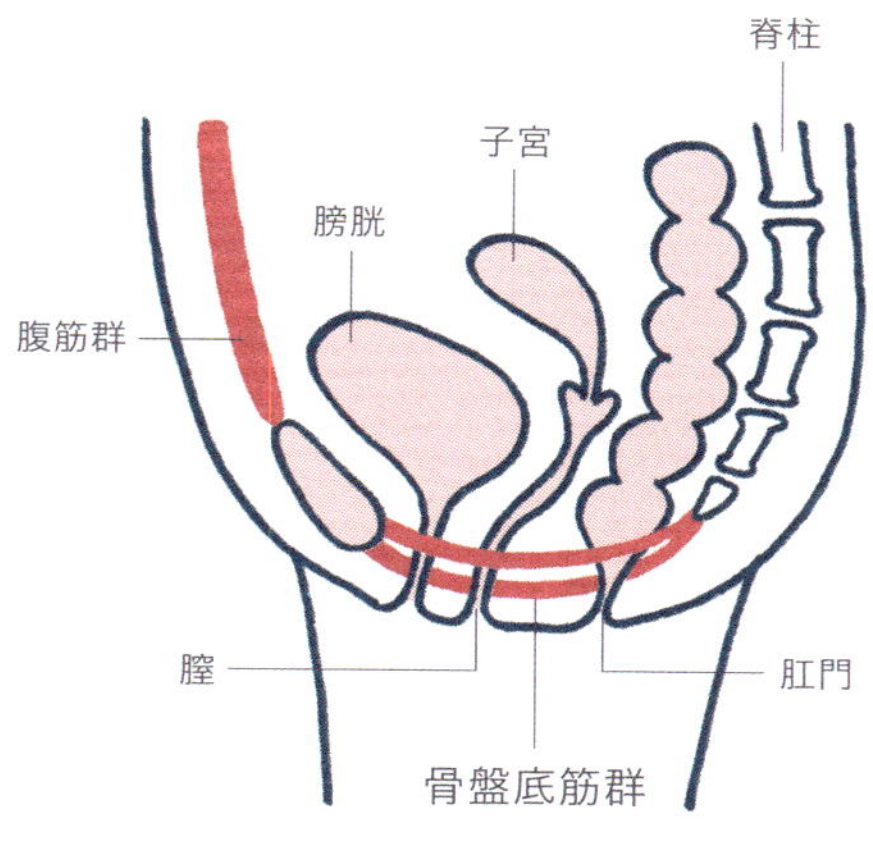

肝心のケア内容よりも「素敵」といった印象だけが先行したようにも思います。『産後院』というシステムは、日本と同じように核家族化が進み、自宅で養生できない女性のために生まれたもの。日本にも似たような施設があるようですが、あまりにも数が少ないうえに料金が高く、現実的ではありません。

そこまでしなくても、核家族で里帰りをしない場合は、市区町村の産褥《さんじょく》ヘルパーさんを頼んだり、夫に頼ったりしながら休みましょう。また、ただ横になる以外にも、本当は自分でできる産後ケアはあります。積極的にセルフケアをしてみてくださいね。

A

出産で開いた骨盤、傷ついた骨盤底筋群を回復させるために休むべきです

Q2 セルフケアのやり方を教えて！

私も産んでみてわかったのですが、本当に産後の母体はガタガタです。そこに赤ちゃんの世話や家事がドッと押し寄せるのですから大変なこと。そこで、自分で簡単にできる産後ケアのやり方をお教えします。

ひとつは、『補助ベルト』をつけること。骨盤、骨盤底筋群の回復を補助してくれ、姿勢もよくなります。大切なのは、立ち歩くときは常に装着しておくことです。私自身も産後1年以上、適度な伸縮性があるフランスのPhysiomat社のベルトを使っていました（※1）。

もうひとつが、次ページから紹介する骨盤や骨盤底筋群をケアするエクササイズをすること。正しく行えば、骨盤や骨盤底筋群の回復が早くなるし、体重や体型も元に戻りやすくなるうえ、尿漏れなどの予防、改善にも役立ちます。妊娠中から始めてもいいし、出産から時間が経ってしまった場合でも効果あり。覚えておいて損はありませんよ。

反対に当分やめておきたいのは、腹筋運動などの筋トレ、山登りなどの激しい運動。骨盤底筋群に強い圧力がかかるうえ、無酸素運動になりがちなので、産後すぐには向いていません。

※1 http://www.physiomat.com/

呼吸法

どこでもできて便利な呼吸法です。
これを行うだけでも、骨盤底筋群などのインナーマッスルを鍛えられます。

❶ あぐらなどのリラックスできる姿勢で背筋を伸ばして座り、腹式呼吸をします。腕が前にこないようにするのがポイント。

❷ 目を閉じて、唇をすぼめ、息を細く長くゆっくりと吐いていきます。いきなりお腹をへこませるのではなく、会陰部、下腹部、おへそと、下のほうからへこませていくのをイメージしてください。

❸ 吐き切ったら、自然に任せて鼻からゆっくりと息を吸い込みます。ここでたっぷり吸うためには、❷でしっかり吐くことが大切です。❶〜❸を少しのあいだ続けます。

エクササイズ 1

出産直後からずっとできるエクササイズです。
鼻から息を吸う真似をするときに、
子宮や膀胱などの内臓を引き上げることで子宮収縮を助け、
骨盤底筋群の回復を促します。

❶ 仰向けに静かに横たわり、膝を立てて、足の裏を床につけます（足先をイスにのせてもOK）。両手は頭の上へ伸ばして組みます。骨盤は恥骨がやや上に持ち上がるような状態にし、腰と床のあいだに隙間ができないようにしましょう。あごは少し引いて、首の後ろを伸ばします。

❷ そのまま全身の力を抜いてリラックス。息を口からゆっくり長く吐きます。

❸ 吐き切ったところで鼻をつまみ、そのまま鼻から息を強く吸おうとしてください。

❹ しばらく我慢したら、鼻から指を離して、ゆっくり息を吸います。

エクササイズ 2

少し余裕ができたら、積極的に鍛えるエクササイズを。
授乳や抱っこで疲れた首の緊張をほぐすのにも効果的です。

❶ **エクササイズ1**の❶と同じ姿勢をとり、両手は身体の左右へ伸ばします。

❷ そのまま腰を床から浮かせて呼吸を続け、口から息を吐きながら下腹部をへこませて、おしっこを我慢するような感覚で骨盤底筋群を収縮させます。

エクササイズ 3

同じく骨盤底筋群の回復に効果的です。
また子宮と腸を動かすので、
子宮収縮や便秘の解消にもよいでしょう。

❶ 顔を正面に向けたまま、四つん這いの姿勢をとり、息を口からゆっくり吐き切ります。

❷ あごを引いて頭を下げ、後頭部と背中が一直線になるようにして、鼻から息を吸い、少しのあいだ腹式呼吸を続けます。

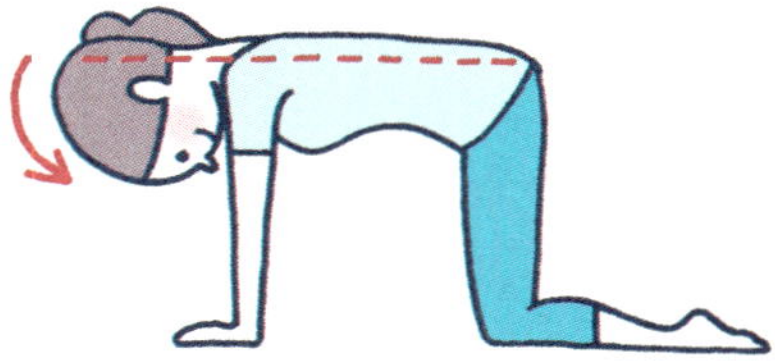

参考資料：『赤ちゃんと一緒に！ ペリネのエクササイズ』メディカ出版

Q3 傷のケアはどうしたらいい？

会陰切開でも帝王切開でも、医師からの指定がない限り、特別なケアは必要ありませんが、縫合した部分は大切に扱いましょう。清潔に保つことも重要です。普通にやさしく洗うだけでもいいですし、ビデや清浄綿を使ってもかまいません。

いずれも産後の数日間は痛みも強く、傷が引きつれたりして違和感があると思います。痛みがあるときは、産婦人科で鎮痛剤を処方してもらってください。その後も、くしゃみや咳をしたときに痛みを感じるかもしれませんが、時間とともに次第におさまっていくので大丈夫。でも、強く突っ張る感覚があるときや、患部が腫れたり、熱を持ったりしているとき、血や膿が出るとき、痛みが強くなってきたり、眠れないほどの痛みを感じたりするときは、すぐに受診しましょう。

また、破水後に帝王切開術をした場合、赤ちゃんの子宮内感染のために帝王切開術をした場合は、傷口が開きやすいのでよく観察してください。

ちなみに、病院などではよく『円座（ドーナツクッション）』をすすめられると思いますが、本当はあぐらをかいた姿勢が最も理想的です。円座は座面に傷が直接当たらないのでラクなのですが、股の部分が浮くので上からの圧力がのしかかり、会陰や骨盤底筋群が下がります。そのため、骨盤底筋群全体の保護や回復のためにはあまりよくありません。痛みが強い場合は仕方がありませんが、できれば使わないほうがいいです。

もしもイスに座れるようなら、座面に浅く腰かけ、大きなクッションなどを抱えて前方へもたれかかるようにするといいでしょう。姿勢を変えるときは、身体を支えられる位置に片手をついて、腹式呼吸をしながら会陰部を引き締め、上方に引っ張り上げるように意識して動くと、負担がかかりません。

そして意外に思われるかもしれませんが、産後のトイレは和式がおすすめです。和式トイレは、腰を落とした姿勢で股関節より膝のほうが高くなるので、強くいきまなくてもスムーズに排泄できます。反対に、洋式トイレだと座面が高いせいで垂直方向にいきんでしまい、会陰や骨盤底筋群に負担がかかってしまいます。自宅のトイレが洋式の場合、トイレの足元に台を置き、膝の位置をなるべく高くしましょう。できるだけ、しゃがむ姿勢に近づけるとよいと思います。こうすれば、お腹をぐっと引き締めるだけでスムーズに排便でき、骨盤底筋群や会陰部に負担がかかりにくくなり、さらに肛門の負担も軽くなるので痔の予防にも有効です。
なお、帝王切開術の傷口がケロイド状にならないようにするには、ガーゼとキズテープを活用するといいでしょう。もちろん体質にもよりますが、多少は防ぐことができます。

【キズテープの貼り方】

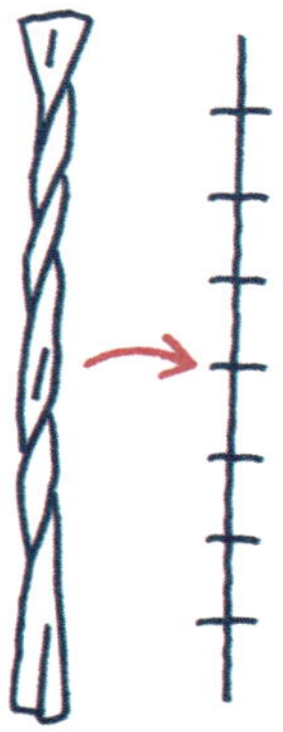

❶ 傷の上にこより状にしたガーゼをのせ、軽く圧迫します。

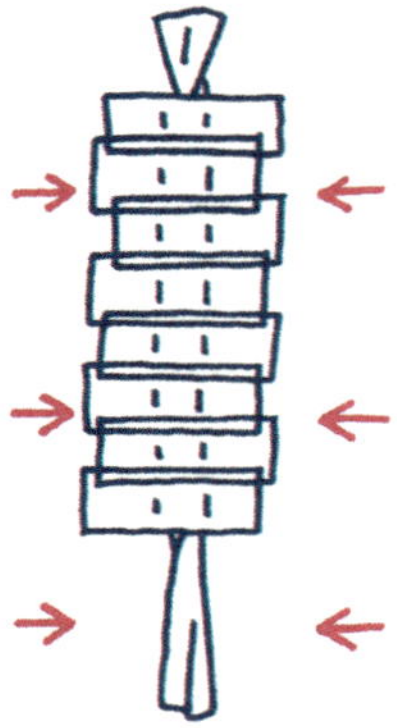

❷ キズテープを傷に対して垂直に貼り、イラストのように少し重なるよう貼っていきます。傷の部分が左右に引っ張られないよう、左右の皮膚を少し寄せる感じにするのがポイントです。

A
基本的に特別なケアは必要ないけれど、清潔に保って負担をかけないように

Q4 母乳で育てたほうがいいの？

昔は粉ミルクが栄養豊富だと推奨された時期もありましたが、今では母乳のほうがよいとされています。最近はなんとなく「できれば母乳で育てたい」と考えているお母さんが多いようですし、私自身もそうでした。

母乳がよいといわれる最大の理由は、免疫力を高める成分が含まれているからです。特に産後すぐから5日目くらいまでに分泌される黄色がかった『初乳《しょにゅう》』には、免疫グロブリンAやリゾチーム、ラクトフェリンが含まれ、感染症の予防やアレルギー発症のリスクを下げることにもつながると考えられています（※1）。そして母乳のほうがより効率よく消化・吸収されるため、発育にもよいといえます（※1）。また、驚くことに母乳はオーダーメイド。たとえば早産児を産んだお母さんの母乳には、早産児に必要な成分がたっぷり含まれているということもわかっているのです（※1）。

また母乳育児は、お母さん側にもメリットがあります。ひとつは、授乳によって乳首が刺激されてオキシトシンが分泌されることで、赤ちゃんへの愛情を感じやすくなり、さらに子宮が収縮しやすくなるために身体の回復が促されること。もうひとつは、授乳によって、妊娠で増加してしまった体重が元に戻りやすいこと。さらに、母乳は粉ミルクと違って経済的で、調乳などの手間もかからないことが挙げられます。

こうして母乳のメリットを知ると、「絶対に母乳で育てなくては！」と思う人もいるかもしれません。でも、もともとの体質で母乳が出にくい人もいますし、まったく出ないという人も約1割はいるといわれています。すると、9割は母乳が出るのかと思われるかもしれませんが、これはスパルタでがんばった場合の9割です。産後の身体の状態は人それぞれだし、頻繁な授乳に疲れ果てるお母さんもいるかもしれません。

また、仕事に復帰する場合は、日中に乳房が張って乳腺炎になったり、服に母乳が染み出たりして困ることもあり得ます。休憩時間に搾乳すればいいといっても、現実的には難しい場合のほうが多いでしょう。

それに乳児の安全や発育を考えるうえで、母乳だけで育てることに、それほど神経質にこだわる必要はないと思います。現在の日本は衛生状態がよく、哺乳瓶の消毒もできるので、粉ミルク自体によって感染症のリスクが高くなるということはありません。また、母乳で育った子どものほうが出世するなどといったデータもあるようですが、乳児期の栄養よりも遺伝や環境などによる影響のほうが大きく、母乳の影響だけを調べるのは難しいものなので、うのみにしなくてもいいと思います。

母乳育児を推進する病院の中には、お母さんが眠れていなくても疲れ切っていても、頻回授乳を命じる施設があります。1日8回授乳して出なければ9回、ダメなら10回……。確かに産後すぐから頻繁に授乳することで、母乳が出やすくなるのは事実です。でも粉ミルクが「絶対悪」ではないので、母乳が出ないときは臨機応変に粉ミルクを足し、そのぶんお母さんが休めるように支援することも大切ではないでしょうか。実際に、眠るとプロラクチンというホルモンが分泌されて母乳が出やすくなります。それに産後すぐに無理をしないほうが、最終的には完全母乳率が高くなるという報告もあります(※1)。

まとめると、無理なく母乳をあげられるのならば、もちろんそれに越したことはありません。素晴らしいことです。でも、あまりにも大変ならば混合にしてもいいし、粉ミルクにしたっていいのです。お母さんが母乳神話にとらわれすぎて「母乳で育てられないなんて母親失格だ」と暗い顔をしているよりも、笑顔で子育てできることのほうが大切ではないでしょうか。

A 無理なくあげられるなら母乳がいいけど、混合でも粉ミルクでも大丈夫です

※1 水野克己 水野紀子『母乳育児支援講座』南山堂

Q5 産後のセックスはいつからOK？

個人差があるので一概にいつとは言えませんが、出産の6週間後くらいからが目安です。気になる人は、1か月健診のときに担当医に聞いてみてくださいね。

妊娠中、胸のすぐ下あたりまで大きくなっていた子宮は、産後12時間でほぼ半分、1週間でこぶし大ほどに収縮し、6週間で元の鶏卵大に戻ります。それまでに子宮口も閉鎖し、会陰や膣の傷も治り、悪露《おろ》もおさまってくるはずです。

それでも、授乳中はプロラクチンというホルモンの影響で性欲が抑えられるため、女性はセックスをしたいという気持ちになりにくいかもしれません。また、エストロゲンの分泌が低下するせいで、膣の粘膜が萎縮してドライで硬くなり、濡れない、感じにくいといった現象が起こりがち。おまけに授乳や育児、家事で疲れているので、そんな気になれなくても当然かもしれません。

海外では産後3か月以内に80～95％の人がセックスを再開しているというデータがありますが、私が実際に1か月健診で会う日本のお母さんたちは「まだ、そんな気になれない」と言う人がほとんどです。

A

出産の6週間後くらいからが目安です。1か月健診で医師に確認しましょう

参考：J Sex Med. 2010 Aug;7(8):2782-90.

「セックスをしたいのに怖い」という場合は、あらかじめ自分の指で膣口や周囲の状態を確かめてみるといいと思います。自分の指を入れるのも怖くてできないなら、ペニスを挿入するのは難しいでしょう。潤滑ローションなどを使用してもかまいませんが、無理をしなくてもいいと思います。ただし、スキンシップは大切です。妊娠中と同様に、挿入やオーガズムにこだわらずに、お互いの気持ちを尊重した触れ合い方を工夫してみてくださいね。

授乳中は排卵が抑えられがちですが、産後1か月で再開する人もいたり、2～3年ストップする人もいたりと人それぞれ。排卵が始まると、ホルモンバランスが変化するので、一時的に抜けていた髪の毛が生えてくるのと同時に、性欲も出てくると思います。

ですから、セックスをする際は、産後すぐでもコンドームをつけましょう。月経は排卵後にくるので、月経がきてから避妊をするのでは遅すぎます。特に帝王切開術をした人は、次の妊娠まで半年～1年はあけたほうがいいのでご注意ください。反対に、早く二人目が欲しいのに、なかなか排卵・月経がこないという場合は、産婦人科医に相談してみてくださいね。

Column 5

マタニティブルーになったら

マタニティブルーというと、妊娠中に不安や憂鬱に襲われることと思っている人が多いのですが、本当は産後3〜10日に一時的に気持ちが落ち込むことをいいます。原因は、出産と同時に女性ホルモンの分泌量が急激に減少すること。もちろん慣れない授乳などのお世話に追われることも要因のひとつで、およそ30〜50%の産婦さんがなりますが、2週間程度で消失することが多いようです。

私自身、明らかに産後10日ほどは変だったと思います。というのも、うちの子よりも知人の子が大きく育っているのを知って取り乱したり、社会から孤立したような疎外感を感じて不安になったりしたから。実家にいたので母や妹たちのサポートがあったのに、それでもマタニティブルーにはなりました。もしもたったひとりで赤ちゃんを抱えていたらと思うとゾッとします。そして、この時期を過ぎても、忙しい子育て中は思うように暮らせなくて憂鬱になったり、疎外感を感じたりすることも多いでしょう。

ですから、ぜひ妊娠中から友だちや家族、パートナーとの関係を見直して、再構築しておいたほうがいいと思います。頼れるところがたくさんあれば、きっと気持ちがラクになります。そして産後すぐには憂鬱になりやすいという事実、そうなったら友だちや家族はもちろんのこと、地域の子育て支援センターや保健師、医師などに相談するという手段があることも覚えておいてくださいね。

【番外編❶】

妊娠カレンダー

赤ちゃんの成長

DATA（7週末）

身長（頭殿長）／約1.5cm
体重／約4g

最終月経開始日を1か月0週0日として、2週目に受精、3週目に受精卵が着床。

その後の2か月4〜7週目の赤ちゃんは、まだ小さくて魚のようなエラや尻尾があり、『胎児』ではなく『胎芽《たいが》』と呼ばれる段階です。胎嚢《たいのう》（GS）という袋の中で、卵黄嚢から栄養をもらいながら少しずつ成長をとげ、5週目からは中枢神経や心臓、肺などの主な器官の基礎ができ始めます。これが『器官形成期』です。7週の終わり頃には手足や顔のパーツの原型もでき、心臓の拍動が確認できるでしょう。同時に、母体から栄養を届けるための胎盤やへその緒も作られ始めます。

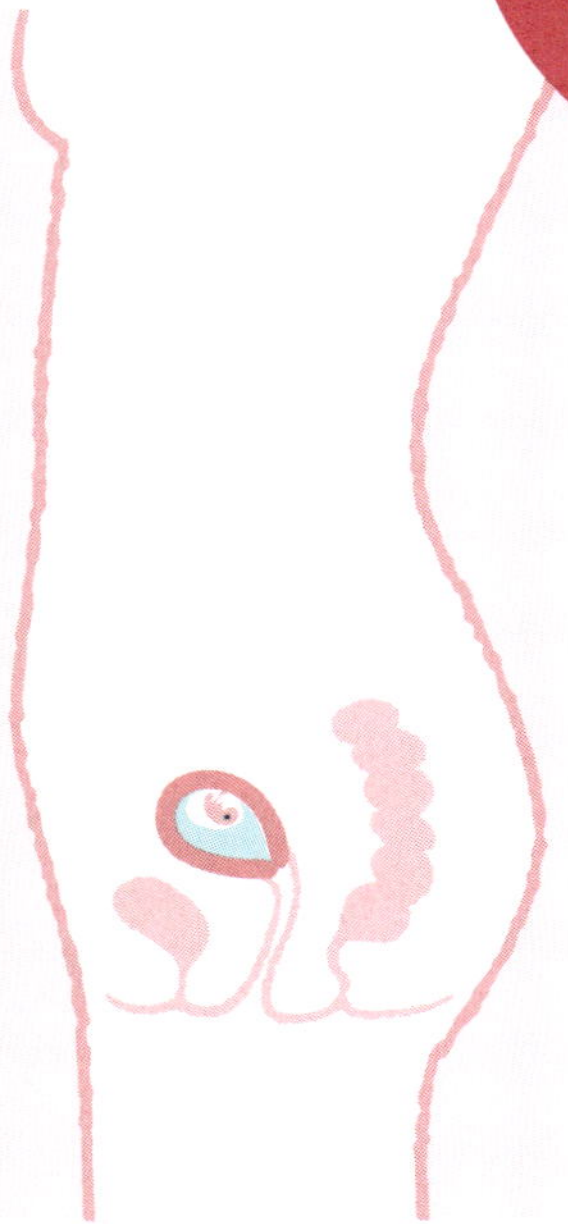

自分でできること

・妊娠検査薬でチェック

市販の妊娠検査薬を使って、妊娠しているかどうかを確認しましょう。

病院ですること

・初診

母体の健康状態、正常に妊娠しているかどうかを診察。7週頃までに心拍も確認します。

必要に応じて行う検査

・膣分泌細菌検査
・トキソプラズマ検査

お母さんの変化

DATA（7週末）

子宮の大きさ／元の鶏卵大の1.5倍くらい
体重増加の目安／変化なし

多くの人が妊娠に気づき、妊娠検査薬を使ったり、産婦人科を受診したりする時期です。早い人は6週頃からつわりが現れたり、疲れやすくなったり、眠くなったりなどといった身体の変化を感じるかもしれません（19ページ参照）。

また妊娠に気づくことだけでなく、ホルモンバランスが急激に変化することによって、感情の浮き沈みが激しくなったり、イライラしたり、不安になったりすることもあるかもしれません。

なるべく無理をせずに体調に合わせて行動し、妊娠を肯定的に受け入れられるようにしましょう。

妊娠初期
3か月
8〜11週

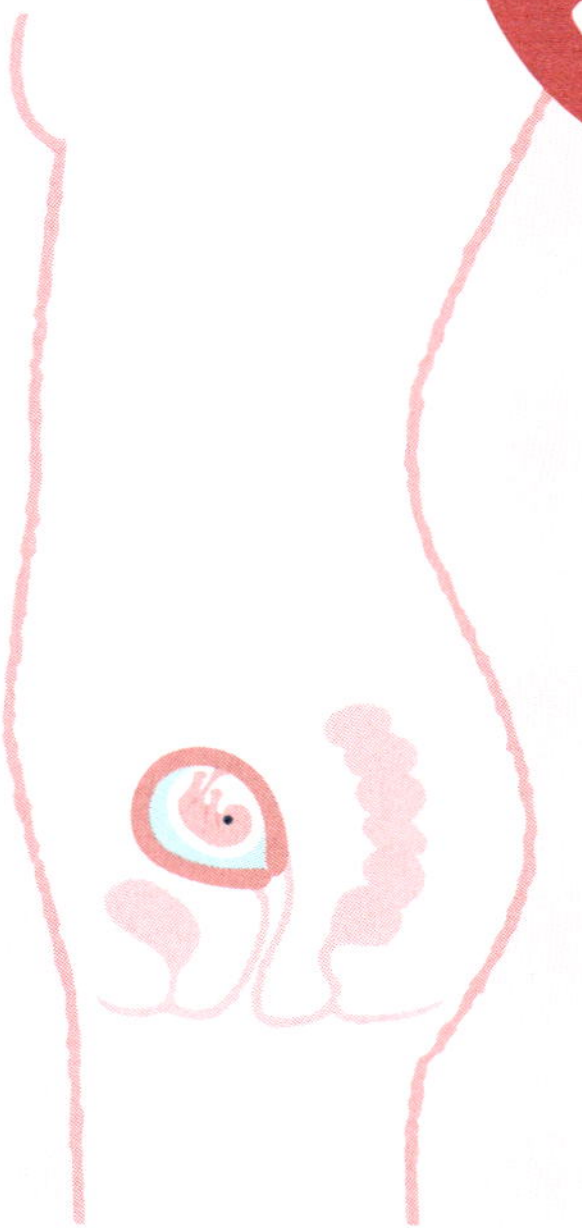

赤ちゃんの成長

DATA（11週末）

身長（頭殿長）／約9cm
体重／約20g（イチゴくらいの重さ）

3か月8週に入ると『胎児』と呼ばれるようになり、引き続き基本的な器官の形成が続きます。心臓や脳、肝臓、腎臓などの内臓の基本はすでにできていて、目や鼻や口などの顔のパーツ、歯や爪、髪の毛の原型、骨や筋肉などもでき始めます。そして11週の終わり頃には、器官形成期が終了。手足の指もでき、赤ちゃんらしい形へと変貌をとげます。

赤ちゃんは胎内で身体や手足を動かしたり、羊水を飲んで尿を出したりもするようになります。まだ卵黄嚢からの栄養がメインですが、少しずつ胎盤からも栄養が送られるようになる頃です。

自分でできること

・『母子健康手帳』の申請

自治体が交付する『母子健康手帳』と健診で使える『妊婦健康診査受診票』をもらいます。
※交付時期は自治体によって異なります。

病院ですること

・妊婦健診

妊娠初期検査（血液検査）、予定日の修正などを行います。

必要に応じて行う検査

・絨毛検査（9〜11週頃）
・NIPT（10週前後）
・初期の胎児超音波スクリーニング
（NT、鼻骨、三尖弁、静脈管など、11〜13週）

お母さんの変化

DATA（11週末）

子宮の大きさ／握りこぶし大
体重増加の目安／変化なし

個人差がありますが、8〜10週頃にはつわりのピークを迎える妊婦さんが多く、とてもつらい時期。まだ赤ちゃんは小さく、それほど多くの栄養を必要としませんから、無理をせずに食べられるものを食べてください（50ページ参照）。

外見に変化はありませんが、子宮が少しずつ大きくなるので、下腹部が張ったり、トイレが近くなったり、便秘になったりする人もいます。また胸にも変化が現れ始め、全体的に張ったり、乳首が黒くなったりする人も。

まだ不安定な時期なので、無理をせず、疲れたら休むようにしましょう。

赤ちゃんの成長

DATA（15週末）

身長（頭殿長）／約16cm
体重／約100g（レモンくらいの重さ）

器官が成熟していき、脳細胞をつなぐ神経回路なども発達。皮膚も少し厚くなり、産毛（胎毛）が生えてくる時期です。

また、身体や手足の骨や筋肉などが発達してくるうえ、羊水の量も増えるので、赤ちゃんはお腹の中で自由に手足を動かして回転するなど、さまざまな動きをするようになります。羊水を吸ったり吐いたりして呼吸の練習をしたり、指を吸い始めるのも、この頃から。

15週頃には胎盤が完成。赤ちゃんに必要な酸素や栄養素が母体から届き、赤ちゃんに不要な二酸化炭素や老廃物は母体へと戻る仕組みができます。

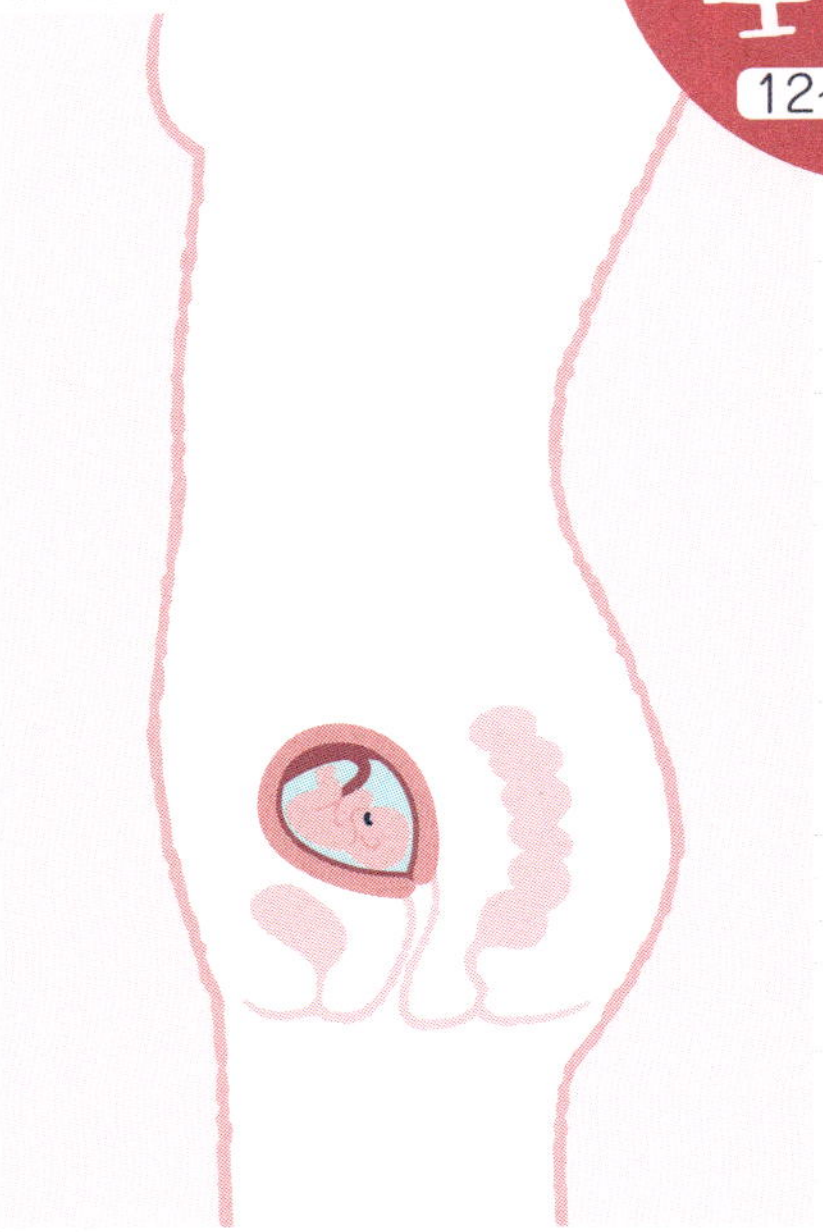

自分でできること

・妊娠の告知

仕事をしている人は、産休や育休などの計画を立てる必要があります。

病院ですること

・妊婦健診（4週間に1度）

必要に応じて行う検査

・初期の胎児超音波スクリーニング（NT、鼻骨、三尖弁、静脈管など、11〜13週）
・トリプルマーカーテスト／クアトロマーカーテスト（15〜18週頃）
・羊水検査（15〜17週頃）

お母さんの変化

DATA（15週末）

子宮の大きさ／幼児の頭くらい
体重増加の目安／＋1〜1.5kg

12週を過ぎると、初期流産のリスクが減り、つわりがおさまってきます。そのため食欲が増す人もいますが、バランスのよい適度な食事を心がけたり、軽い運動をしたりして、極端に太らないようにしてください。

また足がつる、便秘になるなどのさまざまなマイナートラブルに悩まされるようになります。根本的な解決は難しいですが、それぞれに合う対処法を探してみましょう（57ページ参照）。

この頃になると、お腹のふくらみが外見からも少しわかるようになります。また、胸も大きくなってくるでしょう。

妊娠中期
5か月
16〜19週

赤ちゃんの成長

DATA（19週末）

身長（頭殿長）／約25cm
体重／約250g（グレープフルーツくらいの重さ）

引き続き、骨や筋肉が発達するだけでなく、全身にうっすらと脂肪がついて丸みをおび、文字通り赤みがかってきて、赤ちゃんらしい姿に。さらに全身に胎毛と呼ばれる毛が生え、胎脂という皮脂が全身を覆うようになります。

一方、身体の内部では消化液が分泌され始め、心臓はしっかりと鼓動を打ち、生殖器も形成されます。女の子の場合は、卵子の元になる原子卵胞も発生。赤ちゃんの向きにもよりますが、エコーで性別がわかる場合もあるでしょう。

さらに神経回路が発達し、耳も少しずつ聞こえるようになってきます。

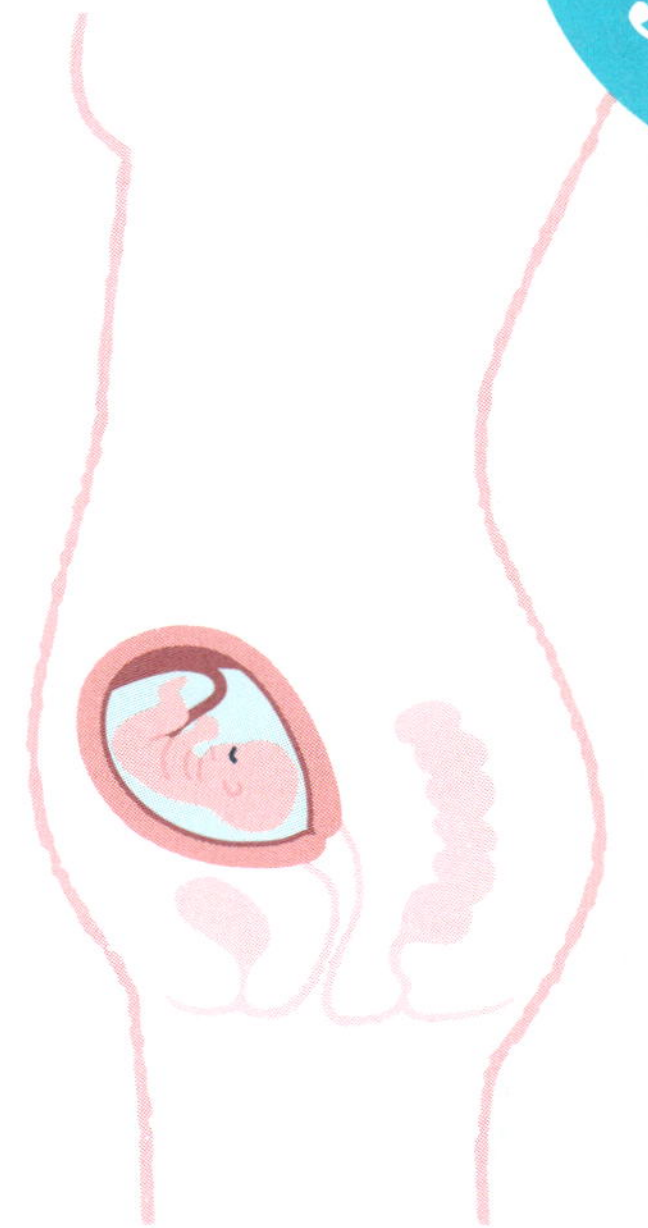

自分でできること

・両親教室への参加

妊娠中期頃から自治体や病院で講座が開かれるので、機会があれば参加を。

・安産祈願

昔から妊娠5か月の戌の日に腹帯を巻いて安産を祈願する風習があります。興味があればぜひ。

病院ですること

・妊婦健診（4週間に1度）

経腹エコーで、胎児発達や胎盤、臍帯のチェックなどをします（18〜23週頃）。

必要に応じて行う検査

- トリプルマーカーテスト／クアトロマーカーテスト（15〜18週頃）
- 羊水検査（15〜17週頃）

お母さんの変化

DATA（19週末）

子宮の大きさ／大人の頭くらい
体重増加の目安／＋1.5〜2.5kg

やっと安定期に入って過ごしやすくなり、早い人では胎動を感じ始めます。

見た目にも、お腹のふくらみが大きくなり、胸もサイズアップし、丸みをおびた体型になってくるでしょう。

この頃になると、ホルモンの影響でシミが増えたり、おへそから恥骨へ伸びる正中線が目立ったり、体毛が濃くなったりしますが、産後は消失するので大丈夫。また、お腹が大きくなるうえに出産に向けて骨盤が緩むことで、腰や脚の付け根などに痛みを感じやすくなります。気になる人は、骨盤ベルトや湿布を使いましょう（57ページ参照）。

赤ちゃんの成長

DATA（23週末）

身長（頭殿長）／約30cm
体重／約650g（メロンくらいの重さ）

体重がぐんと増加する時期です。骨格や筋肉もしっかりしてきて、まゆげやまつげも生え、まぶたもでき、全身のバランスも顔立ちも新生児に近くなってきます。同時に脳の成長が進むことで、できることも急増します。大きく身体を動かしたり、目を動かしたり、口をすぼめたりできるようになるでしょう。

20週頃には内耳が完成し、子宮内の音、お母さんの内臓の音や声などが聞こえる状態に。そして、まだお母さんの胎盤から酸素をもらっていますが、出生後の自力呼吸に備えて、肺も少しずつ発達していきます。

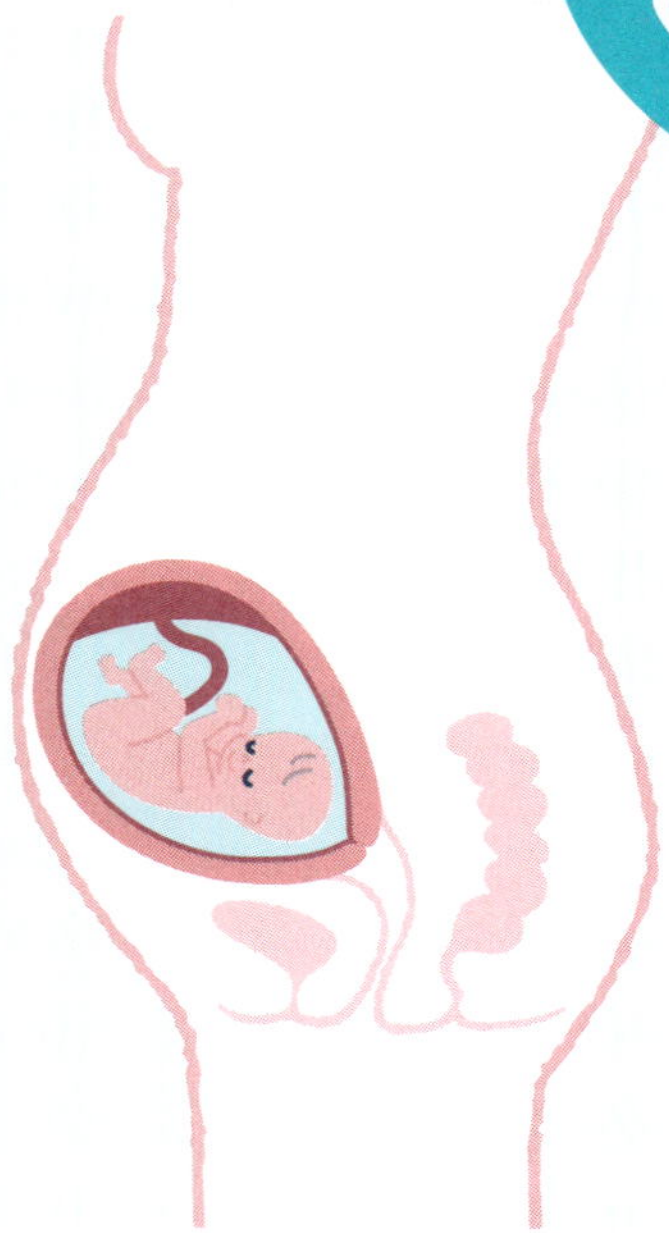

自分でできること

・出産準備を開始

入院に必要なもの、産後に使うベビー用品をリストアップして準備しておきます。

・保育園をリサーチ

仕事をしている場合は、身軽なうちに保育園を探しておくといいでしょう。

病院ですること

・妊婦健診（4週間に1度）

必要に応じて行う検査

・中期の胎児超音波スクリーニング

初期の胎児超音波スクリーニングではわからない、赤ちゃんの身体の構造や発育をチェックをする検査。

お母さんの変化

DATA（23週末）

子宮の大きさ／大人の頭くらい
体重増加の目安／+2.5～3.5kg

ほとんどの人が力強い胎動を感じられるようになり、より妊娠の実感を得られるようになるでしょう。

一方、子宮はおへその高さあたりまで大きくなり、血管や内臓を圧迫するようになります。そのために静脈瘤ができたり、痔になったりしてしまうことも。静脈瘤はサポートソックスなどを使い、痔は病院で相談するなどしましょう（57ページ参照）。

また急にお腹が大きくせり出してくるので、身体の重心が変わります。初めは慣れないせいで小さな段差でも転びやすいので、気をつけてくださいね。

妊娠中期 7か月 24〜27週

赤ちゃんの成長

DATA（27週末）

身長（頭殿長）／約35cm
体重／約1000g（キャベツくらいの重さ）

皮下脂肪が増え、少しずつ丸みをおびた赤ちゃんらしい姿へと成長します。また脳や神経回路がより発達し、手足を大きく伸ばしたり、さかんに手遊びをしたりと、自分の動きをコントロールできるようになってきます。反射神経が備わってきて、大きく飛び跳ねたりするようなるのも、この時期の特徴です。

そして視覚や嗅覚、聴覚や味覚、触覚などの五感もより発達してきます。

なお赤ちゃんの姿勢にもよりますが、だいたいは30週くらいまでに性別がわかります。知りたくない人は、あらかじめ担当医に伝えておくと安心です。

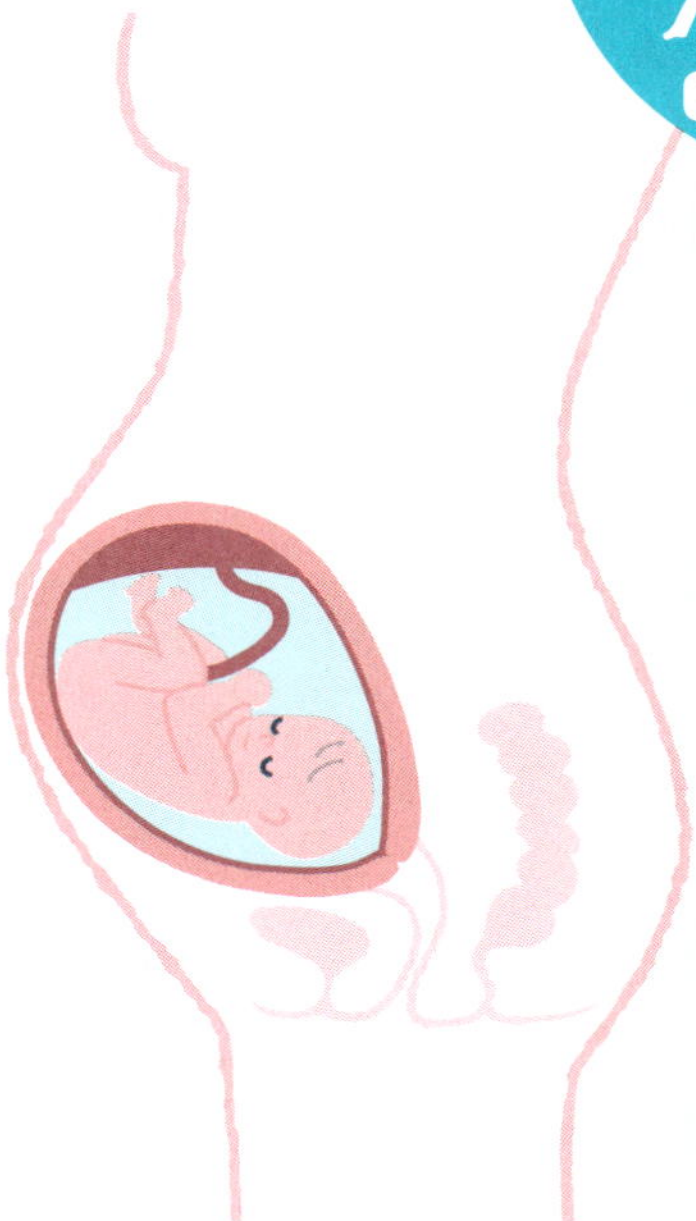

自分でできること

・入院の準備

この頃になると急な入院を指示されることもあるので、早めに調えておくと安心です。

病院ですること

・妊婦健診（2週間に1度）

必要に応じて行う検査

・グルコースチャレンジテスト
（妊娠糖尿病の検査、24〜28週頃）

お母さんの変化

DATA（27週末）

子宮底長／22〜24cm
体重増加の目安／＋3.5〜5kg

安定期の後半なので、心身ともに調子のいい人が多い時期です。

ただ、お腹がますます大きくなり、子宮が内臓を圧迫するようになるので、胃がもたれやすくなります。食事を小分けにしたり、消化のよいものを選んだりして対処しましょう。また疲れやめまいを感じたときは、座ったり横になったりして、適度に休むようにしてください。

働いている人も、つらいときには我慢せずに休憩をとらせてもらうようにしましょう。医師に『母性健康管理指導事項連絡カード』を書いてもらうという方法もあります（54ページ参照）。

赤ちゃんの成長

DATA（31週末）

身長（頭殿長）／約40cm
体重／約1500g

身体が大きくなってくるので、多くの赤ちゃんは頭を下に向け、丸まった姿勢で落ち着くことが増えてきます。

赤ちゃんの身体の中では、骨髄で赤血球が作られ始めるほか、未熟なものの呼吸や消化、体温調整なども少しずつ機能するようになってきます。さらに睡眠と覚醒のリズムも習得。こうして31週の終わりには、脳と肺と消化器以外は成熟した状態になります。

ちなみに母体からは、免疫グロブリンの移行量が増加する時期です。これが生まれたばかりの赤ちゃんを約6か月間にわたって守ってくれます。

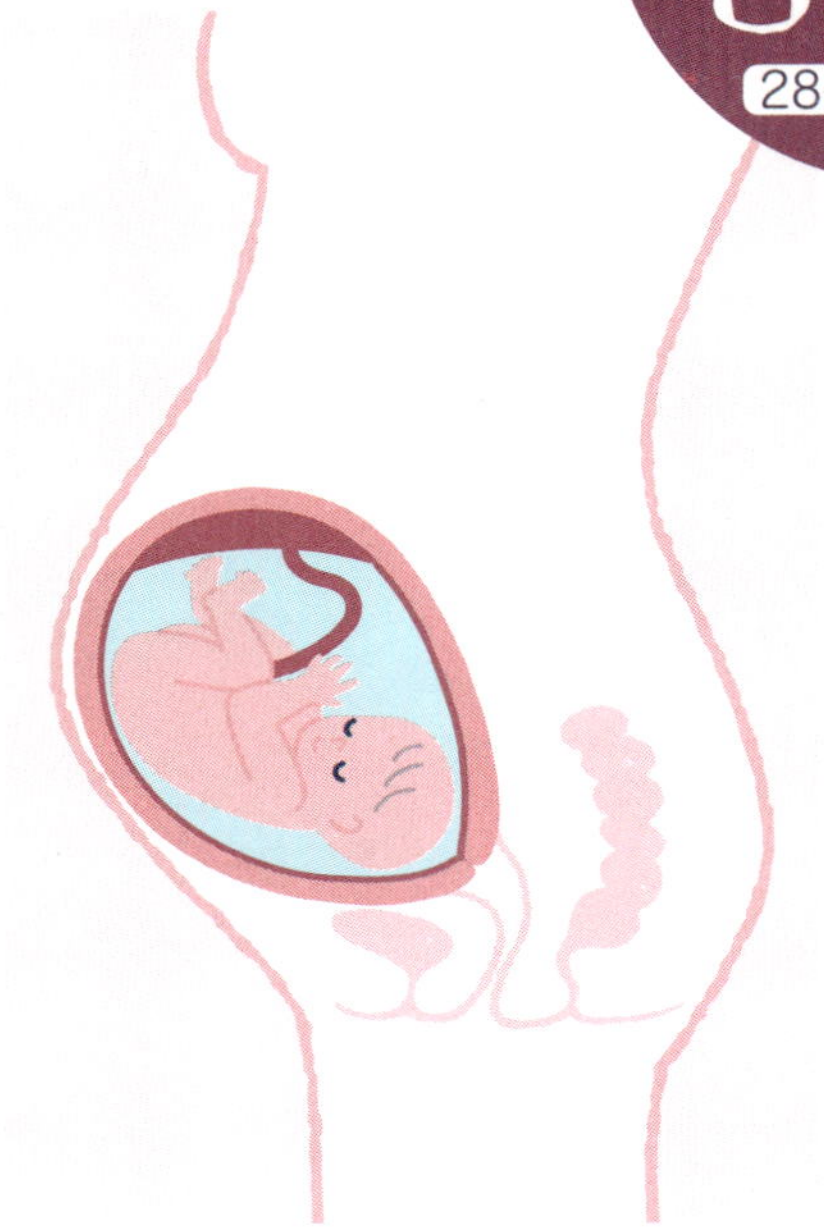

自分でできること

・産後の生活の準備

退院後は赤ちゃんのお世話に追われるので、さまざまな手配をしておきましょう。

・名前を考える

出産日から14日以内に出生届けを出す必要があるので、候補を考えておきます。

病院ですること

・妊婦健診（2週間に1度）

経腹エコーを使って、胎児発達や頸管長のチェックなどをします（28〜32週頃）。血液検査では、貧血などを確認（30週頃）。

必要に応じて行う検査

・グルコースチャレンジテスト（24〜28週頃）

お母さんの変化

DATA（31週末）

子宮底長／25〜28cm
体重増加の目安／+5〜6.5kg

妊娠後期に入ると、みぞおちあたりまで子宮が広がり、圧迫感を感じる人が増えるでしょう。お腹がせり出すことで足元が見えづらくなるので、階段などでも注意が必要です。

お腹が張ることも増えますが、少し座ったり横になったりすることでおさまれば心配ありません（54ページ参照）。それでもおさまらない、いつもと違う感じがするときは、ためらうことなく病院を受診しましょう。貧血や妊娠高血圧症候群などのトラブルも増えてくる時期なので、気になる症状があれば主治医に直接相談してくださいね。

妊娠後期
9か月
32〜35週

赤ちゃんの成長

DATA（35週末）

身長（頭殿長）／約45cm
体重／約2000g

個人差もありますが、この時期の赤ちゃんは4等身になって胎毛が抜け、髪や爪が伸び、体脂肪がついてふっくらし、新生児のような外見になってきます。体脂肪は、外の世界に出たときに体温を維持するためにも必要不可欠なもの。そのほか、骨もほぼ完成し、心拍や呼吸も安定するので、正常に生まれれば胎外でも生きられる確率が高くなります。

ちなみに羊水量は32週頃にピークを迎え、ここから赤ちゃんが占める面積が増えるとともに減少。赤ちゃんは羊水に浮くというよりも、子宮壁にもたれかかるようになってきます。

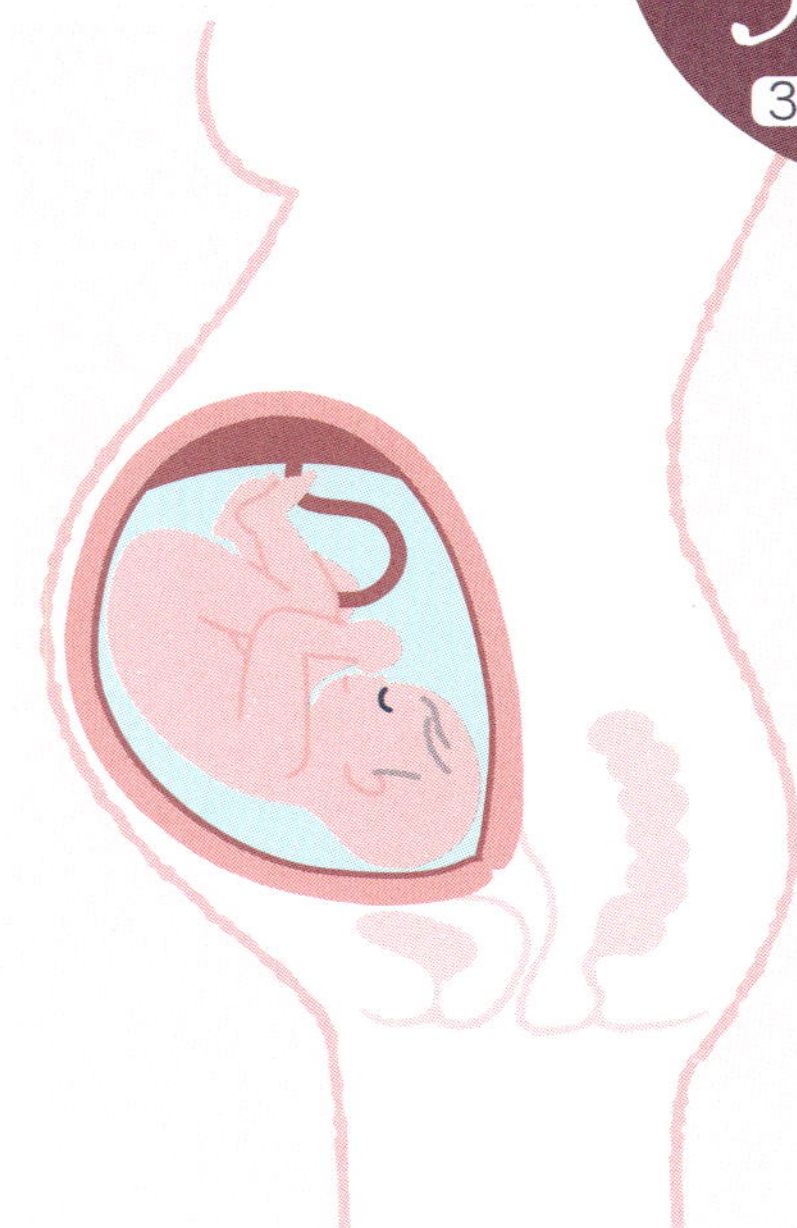

自分でできること

・各種手続き

出産一時金、出産手当金、育児休業給付金などの確認や手続きをしましょう。

病院ですること

・妊婦健診（2週間に1度）

必要に応じて行う検査

・膣分泌物細菌検査
（B群溶血性レンサ球菌<GBS>）

お母さんの変化

DATA（35週末）

子宮底長／28〜31cm
体重増加の目安／＋6.5〜8kg

いよいよお腹が大きくふくらみ、息苦しく感じる人も多くなるでしょう。仰向けや同じ姿勢を続けると苦しくなりやすいので、頻繁に体位交換をしたり、左側を下にして横向きに寝たり、抱き枕などを使ったりして、自分にとってラクな姿勢を探してみてくださいね。

また、お母さんの体内では血液がさらに増えます。これは血流をよくして赤ちゃんに栄養を届けるため、さらには分娩による出血に備えるためです。赤血球よりも水分が増えるため、貧血のような症状が出る人もいますが、必然的な変化なので心配しすぎないようにしましょう。

赤ちゃんの成長

DATA（39週末）

身長（頭殿長）／約50cm
体重／約3000g

赤ちゃんの皮膚はピンクがかったつややかな肌色になり、胎毛や胎脂も少し残っている程度になり、より皮下脂肪が増えてふっくらしてきます。

脳の発達はまだ進んでいますが、骨や筋肉、消化器官などのあらゆる臓器も十分な大きさになっていて機能も発達。赤ちゃんの腸内には緑色の胎便が溜まり、出生後すぐに排出されることになります。

こうして37週以降の『正産期』に入れば、いつ生まれても大丈夫。個人差がありますが、出産が近くなると、頭を下にした赤ちゃんは少しずつお母さんの骨盤内に降りていき、生まれるための準備を始めます。

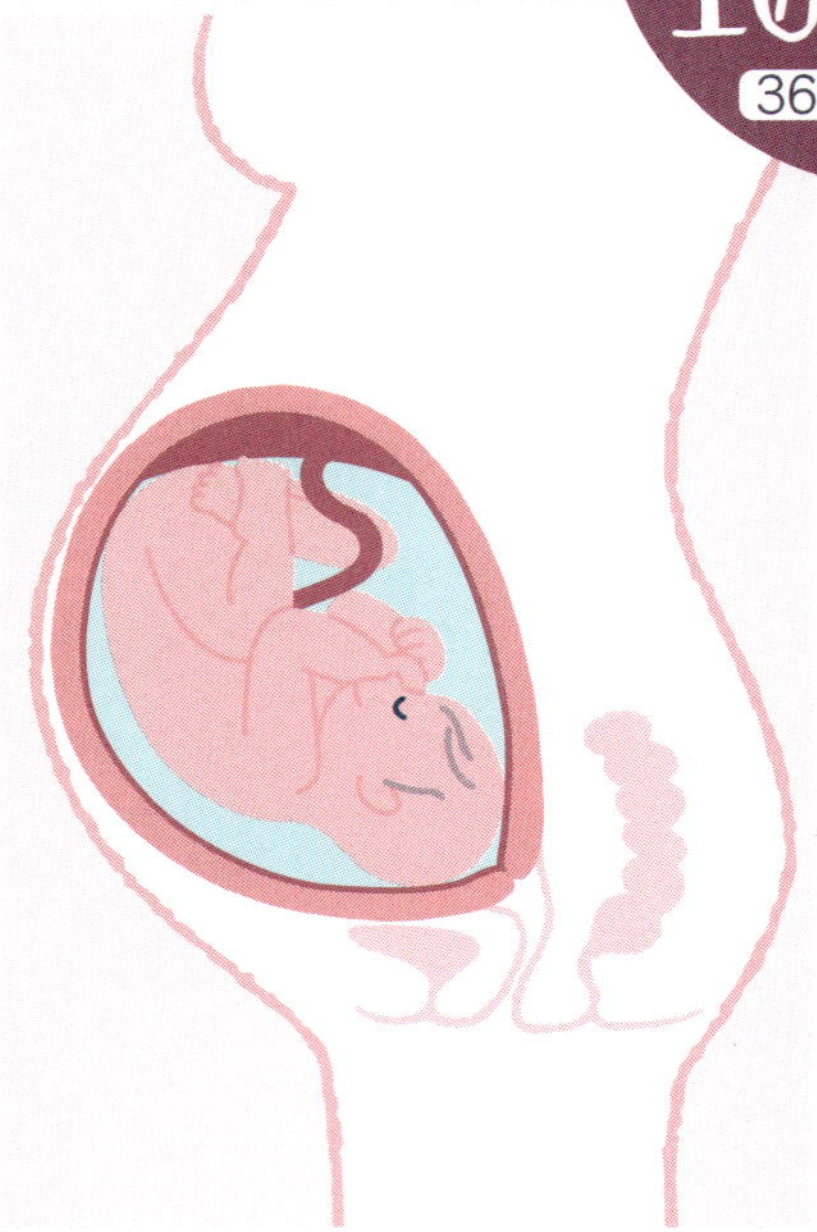

自分でできること

・入院準備品をまとめておく

出先から直接入院することになってもいいように、家族にも準備品を把握しておいてもらいましょう。

病院ですること

・妊婦健診（週に1度）

経腹エコーで胎児発達の評価をし、必要に応じて内診を行います(37〜40週頃)。血液検査では、貧血などを確認(37週頃)。

※予定日を越えた40週以降は、週２回になることがあります。

必要に応じて行う検査

・NST(ノン・ストレス・テスト)

陣痛が起きていない状態で、胎児の心拍を確認する検査。

お母さんの変化

DATA（39週末）

子宮底長／32〜35cm
体重増加の目安／＋７〜12kg

10か月に入ると、お腹の赤ちゃんが骨盤内に下がってくるにしたがって、食欲がなかった人も食べられるようになります。一方で出産に向けて骨盤が緩み、また骨盤や骨盤底筋群にさらなる圧力がかかるので、骨盤や恥骨、足の付け根などが痛くなる人も多いでしょう。

出産が近づくと、不規則な『前駆陣痛』や少量の出血である『おしるし』などが現れることもあります(92ページ参照)。おりものと破水、前駆陣痛と陣痛などの区別がつかなかったり、なんらかの異変を感じたりしたときは、迷わず病院に連絡するようにしましょう。

※妊娠42週目以降を『過産期』といい、羊水過少や羊水混濁などの合併症が起こることがあるので注意が必要。問題がある場合は、誘発分娩をすることもあります。

【番外編❷】

超音波写真の見方

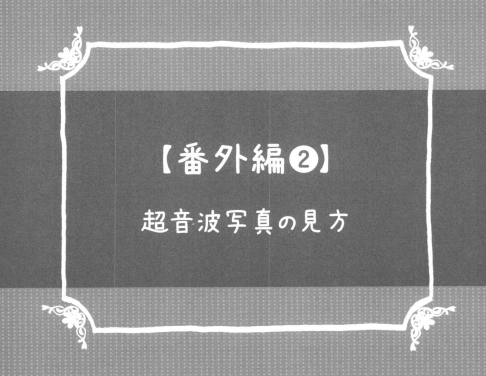

超音波検査(エコー)は、妊婦健診のお楽しみ

かわいい赤ちゃんの顔や様子がわかる超音波検査をするのは、すごく楽しみですよね。私も産婦人科医としての特権を最大限利用して、度々検査しました。赤ちゃんの姿を確認するたびに安心し、愛着を深めたことを思い出します。

ところで超音波検査の仕組みを知っていますか? この検査はプローベという機器から身体へ超音波を発し、返ってきた信号を画像に置き換えることで身体の断面をみるというもの。本来は赤ちゃんの顔を眺めるためのものではなく、健やかに成長しているかどうかを確認するためのものです。

膣の中へプローベを入れる経膣超音波検査と、お腹の上からプローベを当てる経腹超音波検査の2種類があり、赤ちゃんがまだ小さい妊娠初期(およそ12週頃)までは前者、それ以降は後者を使います。

経膣《けいちつ》超音波検査

胎児が小さすぎて経腹超音波検査では確認できない妊娠初期に行う検査。膣の中に細長いプローベを入れて検査します。

経腹《けいふく》超音波検査

専用ジェルを塗ったお腹の上にプローベを当てて行う検査です。さまざまな角度から見ることができ、見られる範囲も増えます。

写真の見方を覚えて、もっと楽しみましょう

超音波検査をすると、じつにさまざまなことがわかります。たとえば、赤ちゃんの顔のパーツや骨、手足、さまざまな臓器の発達具合。そのほか主に頭部、お腹の断面、大腿骨(太ももの骨)などのサイズを測ることで、出産予定日や推定体重も割り出せます。さらに胎盤の位置や羊水量もわかるので、母体の状態も確認できるのです。

また16週以降で角度がよければ、股の部分を見ることで赤ちゃんの性別もわかります。おちんちんがついていれば男の子、ついていない場合は女の子です。

多くの場合、妊婦健診の最後に写真をプリントアウトして渡してもらえると思います。ところが家に帰って見てみると、記号が多いせいで見方がわからなくなる人も多いようです。そこで知っておきたい超音波写真の見方を詳しく紹介します。

経腟超音波検査

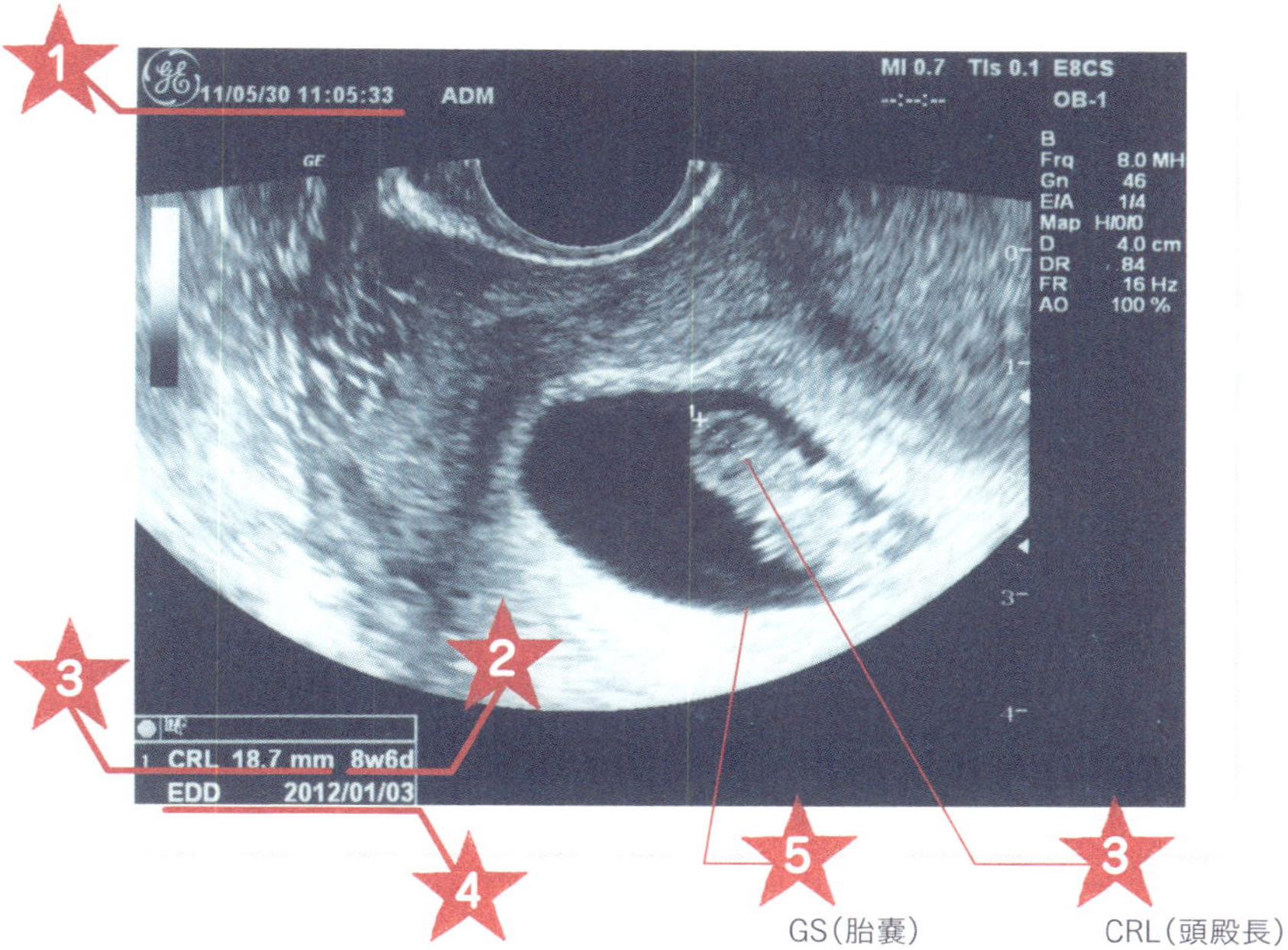

1 超音波検査を受けた日付

2 妊娠週数、日数

「w」は「week」の略で週数を、「d」は「day」の略で日数を表します。
この写真だと、8w5dなので8週5日ということです。

3 CRL(頭殿長《とうでんちょう》)

赤ちゃんの頭からおしりまでの長さ。この長さに個人差のない8〜11週頃に測定し、妊娠週数を修正します。

4 EDD(出産予定日)

修正した週数から出した出産予定日。

5 GS(胎嚢)

赤ちゃんを包む袋のようなもの。この胎嚢を確認して、初めて妊娠が確定します。

頭

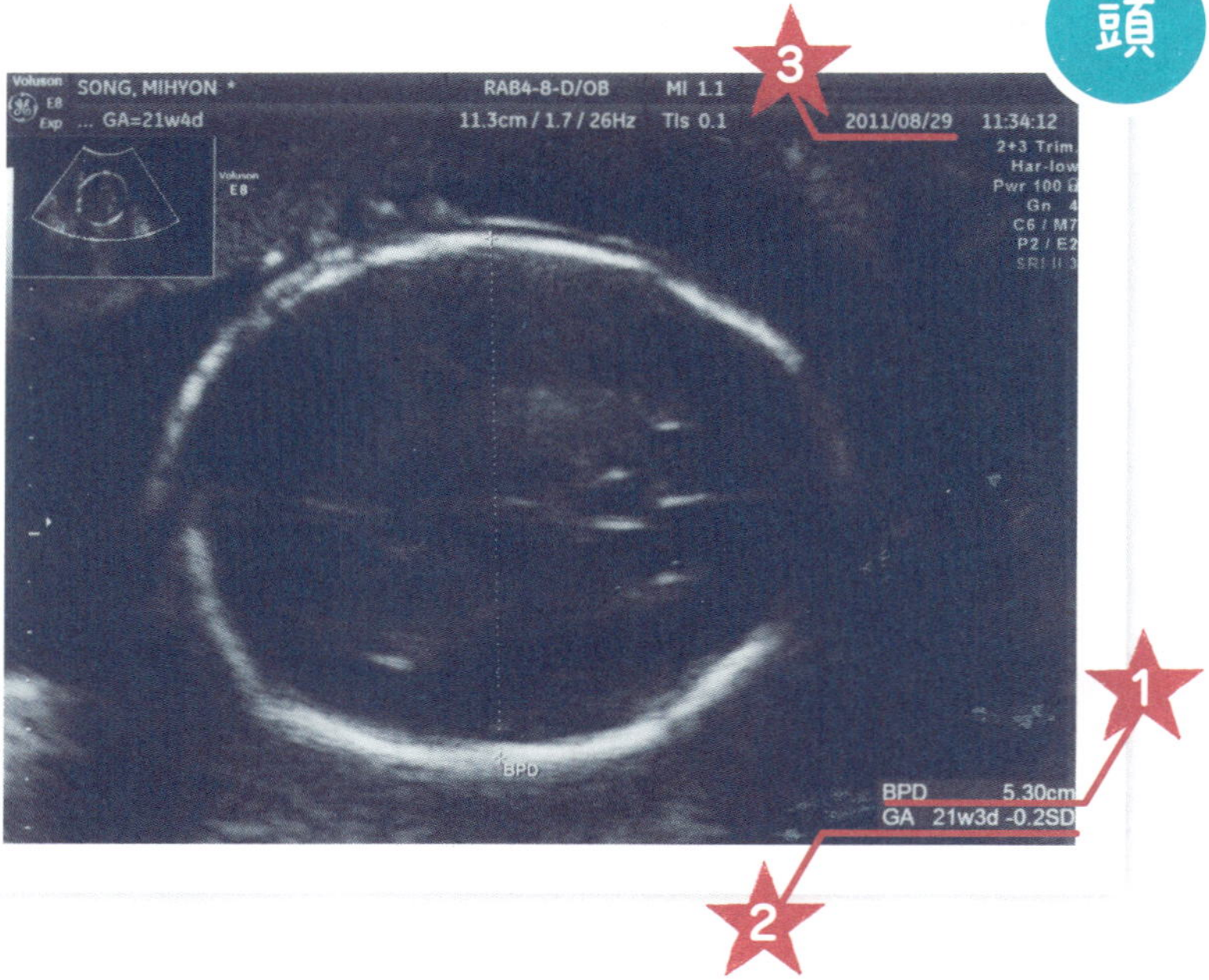

1 BPD(児《じ》頭《とう》大《だい》横《おう》径《けい》)

赤ちゃんの頭の左右幅のこと。妊娠12週以降は、CRL(頭殿長)に個人差が出てきますが、BPDのほうは個人差が少ないです。

2 GA(妊娠週数、日数)

「w」は「week」の略で週数を、「d」は「day」の略で日数を表します。
この写真だと、21w3dなので21週3日ということです。

3 超音波検査をした日付

お腹

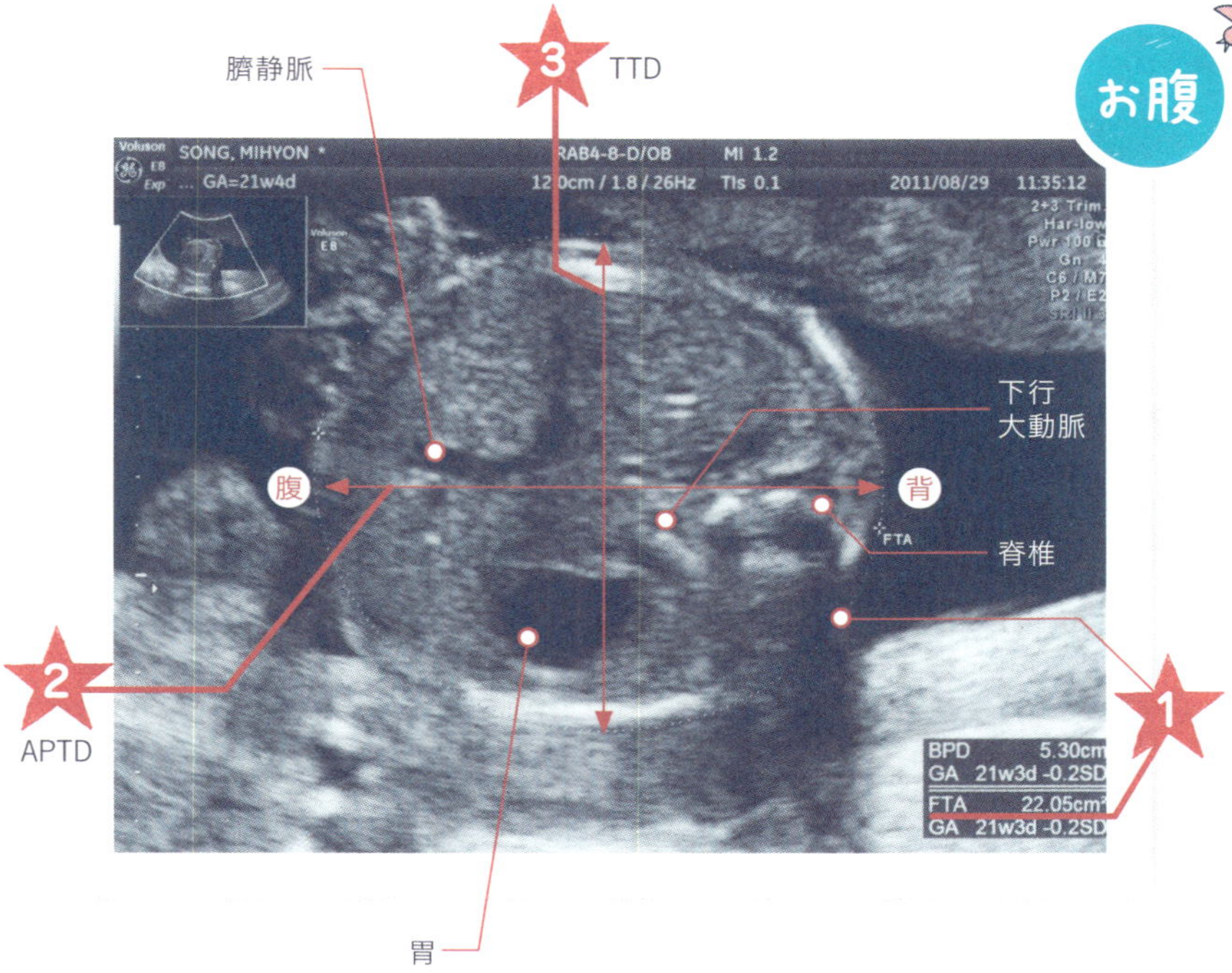

❶ FTA(胎児《たいじ》躯幹《くかん》横断面積《おうだんめんせき》)

赤ちゃんのおへそのあたりの胴体の断面積。

❷ APTD(腹部前後径)

赤ちゃんのお腹の前後の厚み。FTAではなく、この数値とTTDをセットで使うことがあり、発育の指標のひとつになります。

❸ TTD(腹部横径)

赤ちゃんのお腹の左右幅。発育の指標のひとつになります。

AC(腹囲)

APTDとTTDから算出する赤ちゃんのお腹まわりのサイズ。

経腹超音波検査

脚

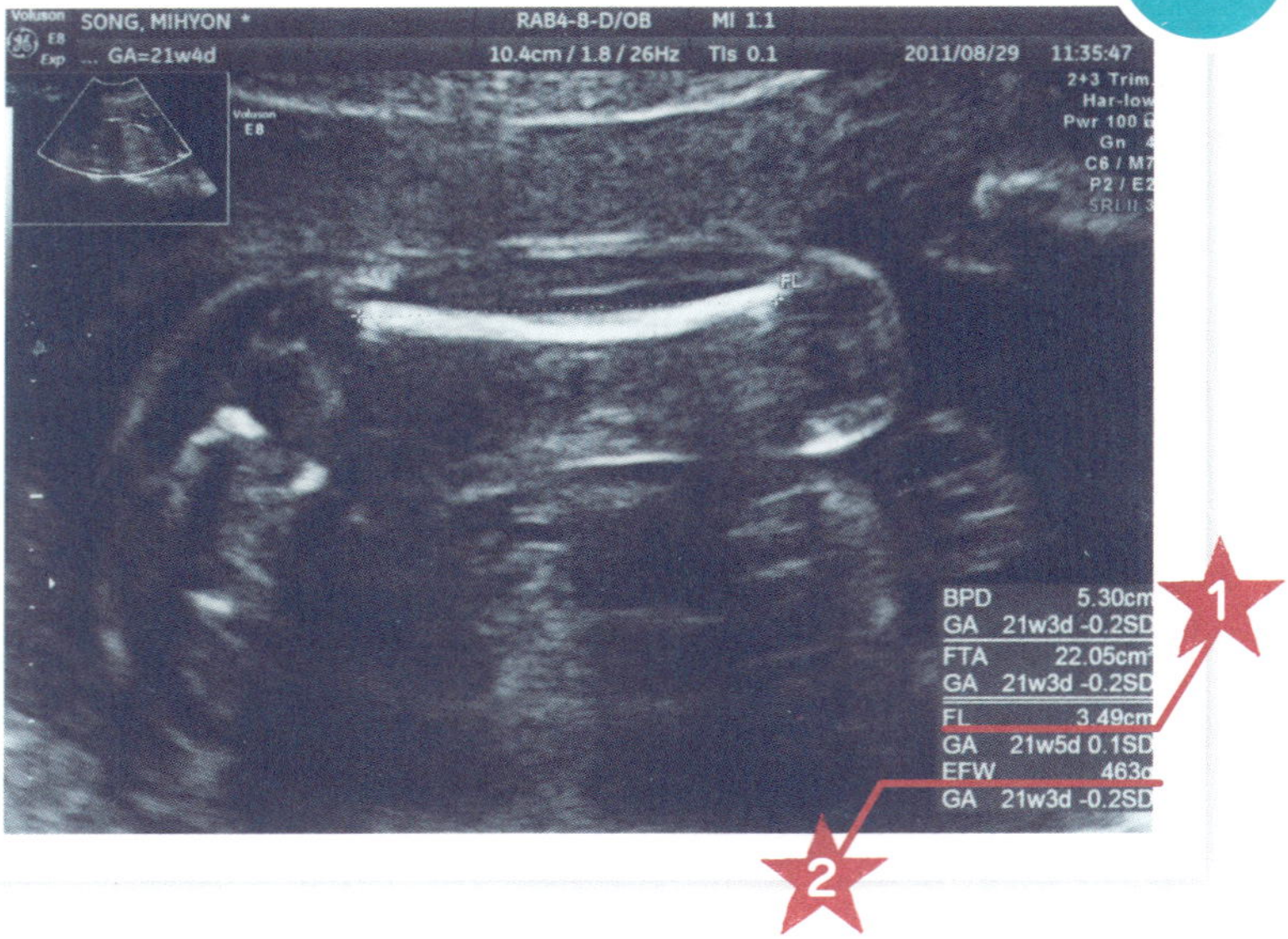

1 FL（大腿骨長《だいたいこつちょう》）

赤ちゃんの太ももの付け根から膝までの骨の長さ。成長するにつれて、全体が映らなくなるので、この長さも発育の指標のひとつになります。

2 EFW（推定体重）

BPD（児頭大横径）、AC（腹囲）、FL（大腿骨長）の計測値を元に計算されます（FTAやAPTD、TTDを使うこともあります）。

顔

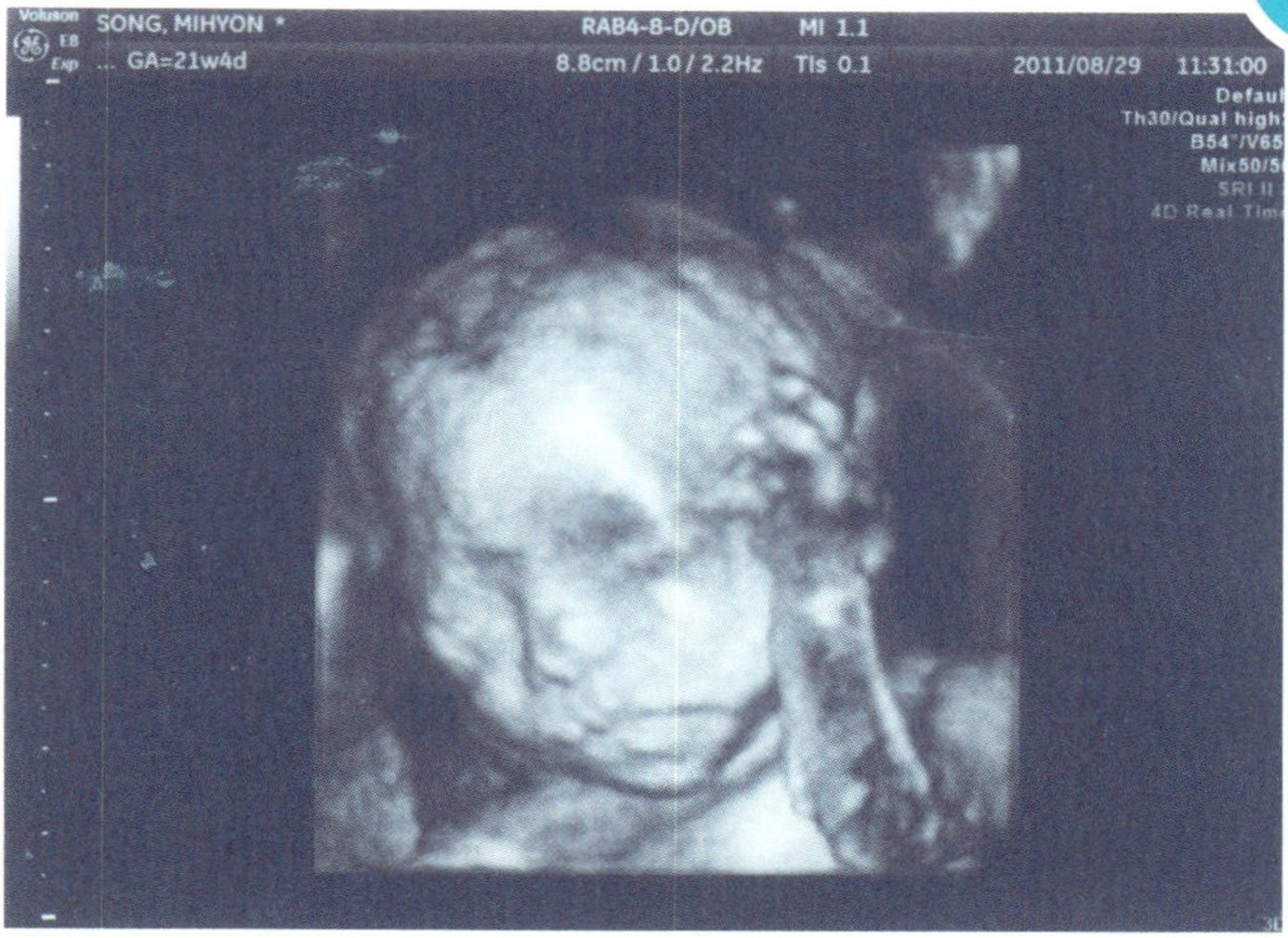
Voluson
E8
Exp
SONG, MIHYON *
GA=21w4d
RAB4-8-D/OB
8.8cm / 1.0 / 2.2Hz
MI 1.1
TIs 0.1
2011/08/29 11:31:00

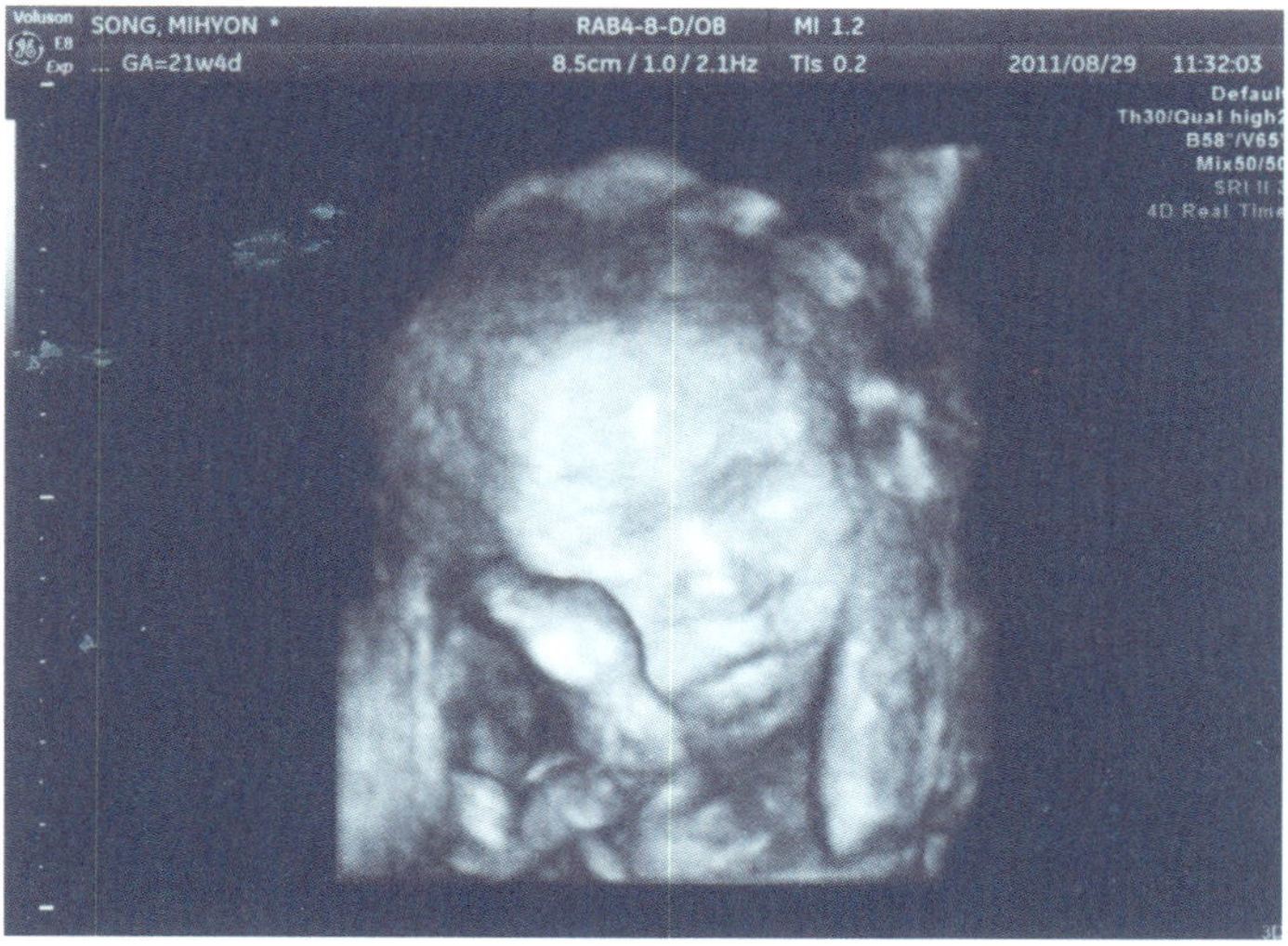
Voluson
E8
Exp
SONG, MIHYON *
GA=21w4d
RAB4-8-D/OB
8.5cm / 1.0 / 2.1Hz
MI 1.2
TIs 0.2
2011/08/29 11:32:03

おわりに

「妊娠は病気じゃない」と言われますが、身体に大きな変化が起こり、なんらかの形で出産しなければ終わらない、ある意味では呪縛のようなものです。自分の身体なんだけど、自分の思い通りになることばかりではありません。赤ちゃんは自分とは別の生き物だし、自分の身体が持つ「産む力」で「産む」というより、「身体に産まされる」という感じ。妊婦さん自身がコントロールできることは限られています。

しかし、ちまたにあふれかえるのは、「つわりは甘え」「自己管理すれば安産できる」などの根性論や、努力すればコントロールできるという誤解。そして、「妊娠中に火事を見ると赤ちゃんにあざができる」と同じくらい根拠のない無数の都市伝説です。

「ほんまかいな」と思っていても、あまりに何人もから同じことを言われたり、いろんなサイトに書いてあったりすると、「これだけ言われているのだから本当なのかな……?」と思ってしまいますよね。

でも、本書を読んでくださったみなさんは、「多くの人が言ってるからって、本当のこととは限らないんだな」とか「妊娠中に食べてはいけないとよく言われるものと、本当に注意しないといけない食べものは違う」とか「体重を増やさなければ安産できるというものではないのだな」など、いろいろとわかっていただけたと思います。

妊娠中にいろいろな都市伝説に振りまわされて悩んだ人も、出産してしまうと今度は後輩のプレママによかれと思って同じようなアドバイスをします。それが誤解と不安の無限連鎖を生み続けているのです。この本を読んでくださった方はぜひ、ちゃんとした知識を後輩ママたちに話してくださいね。

では、みなさんが妊娠生活を少しでも楽しく健康的に過ごせますように。

Have a nice baby！

平成26年2月吉日　宋美玄

著者プロフィール

宋 美玄 Song Mihyon

1976年、兵庫県神戸市生まれ。2001年大阪大学医学部医学科卒業、産婦人科専門医、医学博士。現在は東京都千代田区にある「丸の内の森レディースクリニック」院長。産婦人科の臨床医を務める傍ら、テレビや雑誌、講演などで、セックス、女性の性や妊娠・出産などについての啓発活動を行っている。『女医が教える本当に気持ちのいいセックス』(ブックマン社)シリーズなど著書多数。共著に『新装版 産婦人科医ママと小児科医ママのらくちん授乳BOOK』(内外出版社)もある。

新装版
プレ妊娠編から産後編まで!
産婦人科医ママの
妊娠・出産パーフェクトBOOK

発行日　2018年3月15日　第1刷発行
　　　　2022年7月15日　第3刷発行

著者　　宋美玄
発行者　清田名人
発行所　株式会社内外出版社
　　　　〒110－8578
　　　　東京都台東区東上野2－1－11
　　　　電話　03-5830-0368(企画販売局)
　　　　電話　03-5830-0237(編集部)
　　　　URL　https://www.naigai-p.co.jp

装丁・本文デザイン/下村敏志(Kre Labo)
編集/大西真生
印刷・製本/中央精版印刷株式会社

ISBN 978-4-86257-361-2

本書は、2014年3月にメタモル出版より発行された書籍を復刊したものです。